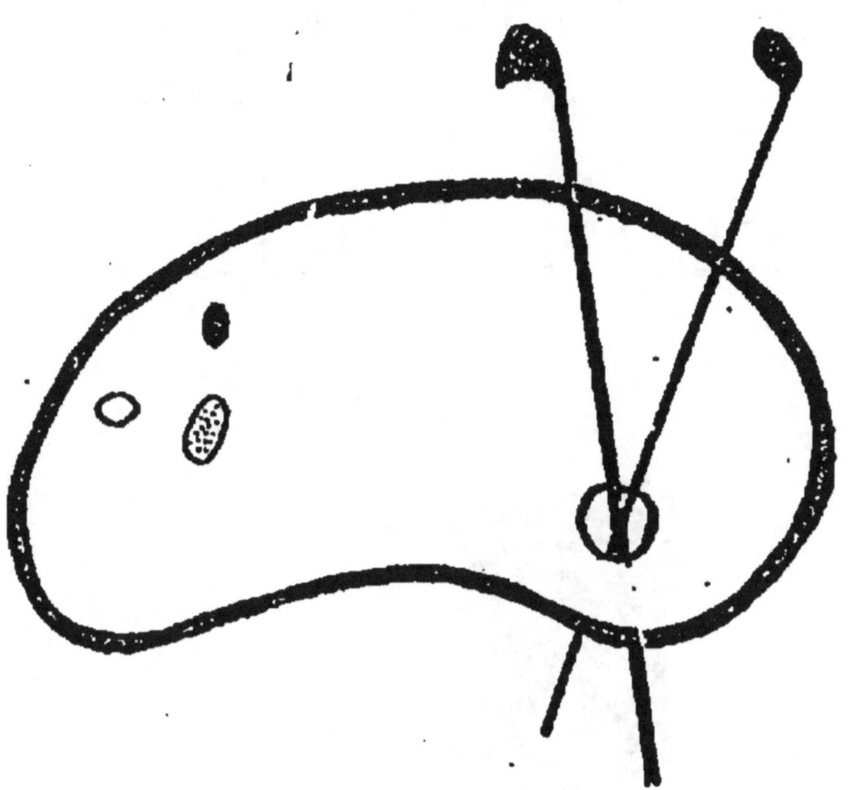

DEBUT D'UNE SERIE DE DOCUMENTS
EN COULEUR

LÉON BAZALGETTE

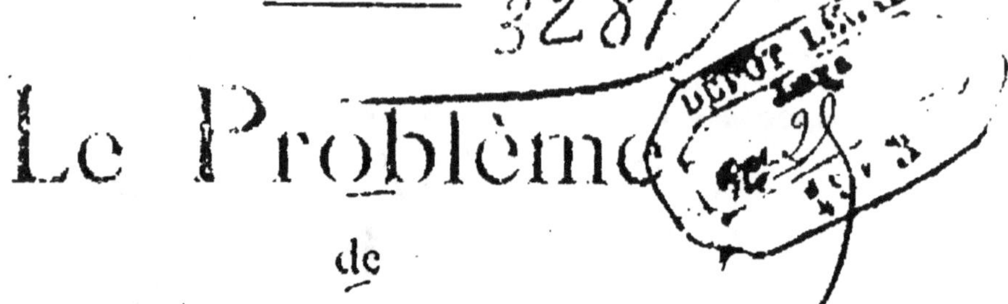

Le Problème
de
L'Avenir Latin

« Soyons intelligents..... »
MICHELET. *Nos Fils.*

PARIS
LIBRAIRIE FISCHBACHER
(Société anonyme)

33, RUE DE SEINE, 33

1903

Tous droits réservés.

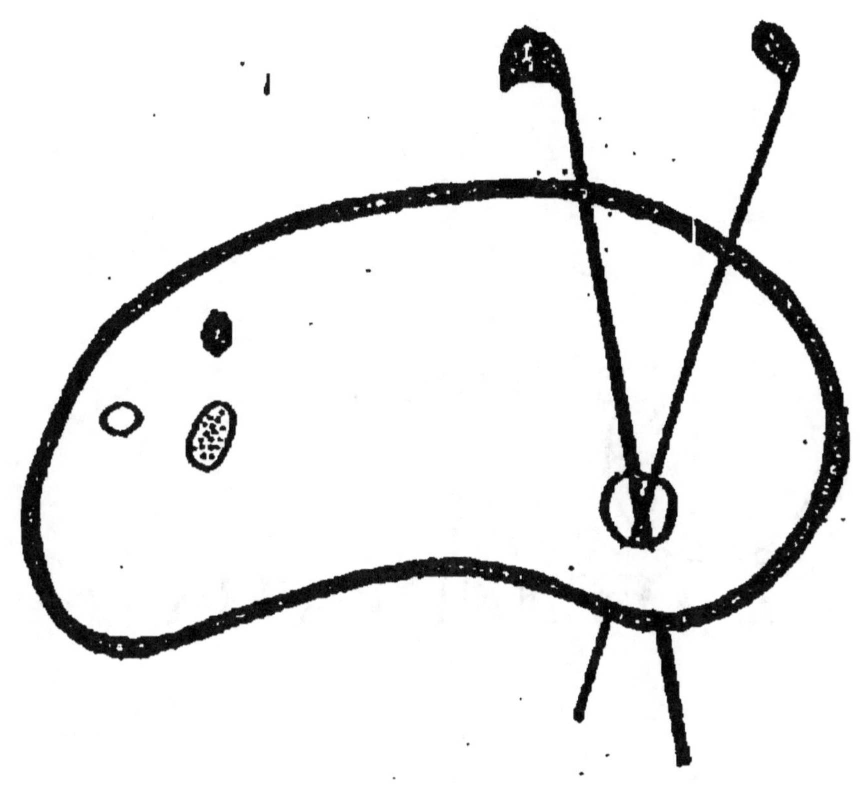

FIN D'UNE SERIE DE DOCUMENTS
EN COULEUR

LE PROBLÈME

DE

L'AVENIR LATIN

LÉON BAZALGETTE

Le Problème
de
L'Avenir Latin

« Soyons intelligents..... »
MICHELET. *Nos Fils.*

PARIS

LIBRAIRIE FISCHBACHER

(Société anonyme)

33, RUE DE SEINE, 33

1903

INTRODUCTION

Il est des questions qui semblent tellement rebattues qu'à simplement les énoncer on court le risque de voir l'auditeur ou le lecteur se cuirasser d'indifférence, persuadé d'avance que rien ne peut être émis sur ce point qui n'ait été produit, discuté, résolu.

Il est à craindre pour l'auteur de ce livre que le sujet qu'il a entrepris de traiter ne soit de cet ordre. Combien de fois n'a-t-on pas entendu répéter dans les milieux où s'agitent les problèmes contemporains, ces formules : « races latines », « famille latine », « infériorité ou supériorité latine », « avenir latin » ! Ce fut là une des questions à l'ordre du jour de ces années dernières. Chacun paraît avoir exprimé son avis en une matière que l'on pressent obscurément d'intérêt actuel, dans cette partie de l'Europe du moins, — sans se rendre compte de sa primordiale importance. Ce qui fait qu'aujourd'hui s'emparer d'un tel sujet équivaut presque à s'annoncer un diseur de lieux communs.

Pourtant l'appréhension d'éveiller un pareil sentiment et d'encourir une semblable épithète ne m'a pas arrêté. C'est qu'en considérant la généralité des opinions émises sur ce thème tant de fois débattu et le niveau moyen des discussions dont il fut l'objet, j'ai toujours été frappé de leur caractère vain et inadéquat, de leur parfaite futilité et superficialité. On a certes beaucoup discuté : mais surtout à vide, autour de mots et de formules, non sur des faits et sur des idées. Le débat manque de bases et de réalité. Ce qui fait qu'après le flot énorme et trouble des commentaires et des polémiques, la question semble bien être restée au même point et comporter les mêmes incertitudes qu'au début. Cette constatation m'a encouragé.

On ne peut dire d'une question, serait-ce la plus abondamment débattue, qu'elle est rebattue tant qu'on n'est pas arrivé à des certitudes à son objet.

La raison de cet insuccès me paraît assez simple. C'est qu'on s'obstine à ne pas embrasser le problème dans sa largeur, à n'y voir que de mesquins aspects et de minimes fragments.

C'est pour éviter le même écueil que je l'ai

replacé sur ses bases naturelles. Pour évaluer justement la situation et l'avenir probable des nations latines, j'ai remonté jusqu'à leurs origines mêmes, seul terrain solide, selon moi, pour une étude de ce genre. De plus, pour demeurer impartial et compréhensif, je me suis efforcé de bannir de cette étude tout préjugé latin, tout sentimentalisme de clocher. J'ai oublié que j'étais un latin moi-même pour discuter le problème latin. C'est là une autre condition essentielle pour éviter le parti-pris et parvenir à l'approximation de quelques vérités. A ce double point de vue, je puis bien dire, sans fausse honte, que la méthode ici pratiquée diffère de celles couramment suivies.

Une remarque préliminaire s'impose. L'expression « peuples latins » a besoin d'être expliquée, car elle contient une équivoque. Il est trop évident que cette terminologie n'a aucune valeur scientifique. Il n'y a pas de « race latine », au sens anthropologique. Cette appellation, comprise rigoureusement, est donc absolument incorrecte, ou plutôt absurde. De judicieux esprits se sont, à diverses reprises, donné la peine de l'établir, et ils ont eu pleinement raison.

Mais ce qu'ils n'ont pas vu, c'est qu'à côté

de l'erreur patente, il y avait une part profonde de vérité. Prise *au sens psychologique*, l'expression est empreinte d'une réelle signification. Il n'y a certes pas de race latine, mais il y a une *civilisation latine*. Les nations, co-héritières de Rome, qui sont nées du démembrement de l'Empire romain et dont le catholicisme persistant marque encore l'origine, ont entre elles une *communauté d'esprit* qui subsiste sous les divergences dues à leurs caractères nationaux. L'expression doit en ce cas être prise au figuré, où elle devient aussi vraie qu'elle est fausse au propre.

Qu'il y ait en ce sens une « famille latine », un « groupe latin », un « monde latin » — en laissant de côté le mot « race », qui prête trop à l'équivoque par la rareté de son emploi au figuré — cela me semble absolument hors de discussion, pour qui n'a pas sa vision bornée aux limites du domaine de l'anthropologie. Voilà pourquoi j'ai employé cette expression inscientifique, populaire et simpliste qui, à condition d'être expliquée, me paraît absolument légitime. N'emploie-t-on pas le mot « Occident » dans un sens bien défini et néanmoins purement fictif, puisque, pour l'Américain par exemple, l'Orient c'est l'Europe ?

De même qu'il y a un monde latin, il y a également un problème latin. Bien peu en ont conscience. Pourtant sa réalité apparaît saisissante dès qu'on examine d'un peu près l'histoire européenne et l'état du monde contemporain.

En dépit de l'apparente unité de la civilisation occidentale, les peuples latins constituent un *monde à part*, placé dans une situation singulière et dangereuse. C'est une question de savoir si les nations latines, dépossédées de leur ancienne prépondérance, pourront continuer à se maintenir dans le monde qui se prépare. Leur survivance est subordonnée à des conditions dures et impérieuses. Ce problème, il faut qu'elles en trouvent la solution de gré ou de force, car un jour, proche ou lointain, il se manifestera aux yeux de tous, dans sa vivante réalité. Sadowa, Sedan, Santiago-de-Cuba ont pu déjà sur ce point fournir des indications. Ce sont là des dates significatives dans l'histoire du monde occidental.

Bien que j'aie, autant que possible, évité ici tout verbeux commentaire et tout développement artificiel pour ne présenter que des faits et des idées, ce livre ne contient pas une thèse rigoureuse, à proprement parler, non plus qu'une théorie nouvelle. Je n'ai nullement le sentiment d'avoir opéré une démonstration scientifique ni de présenter une découverte. C'est simplement une suite d'études reliées par un thème commun et dominées par une idée commune. D'où le caractère incomplet, fragmentaire, et peut-être un peu décousu, de ce livre. Je suis loin de prétendre avoir épuisé un sujet qui demanderait, pour être complètement traité, un nombre fort considérable de pages. Mon but a été surtout de suggérer l'importance du problème et de fixer sa position vraie.

On me reprochera de n'avoir pas donné de solutions nettes et précises et de m'être trop facilement contenté d'hypothèses et d'aperçus. Je sais que pour beaucoup un tel livre nécessiterait des conclusions fermes et des affirmations absolues dans un sens ou dans l'autre. Je comprends et j'admire cette soif de certitude. Mais ayant en horreur les affirmations creuses et les conclusions factices — sur un point surtout où existe un tel alea — j'ai préféré mettre un point d'interrogation là où de plus hardis auraient apporté de tranchantes solutions. Il y a de par le monde assez de prophètes patentés pour satisfaire ceux que la relativité de nos conclusions laissera désillusionnés. Par contre, je crois assez nettes, sinon quelque peu brutales, certaines de mes affirmations. On m'accusera également d'avoir fait de ce livre un livre sans optimisme et sans espoir, empreint même d'un certain fatalisme. C'est que je suis résolument l'ennemi des paroles d'espoir fondées sur le vide. Je ne suis pas de ceux qui versent l'espoir à plein verre comme un vin grossier. Je né vois pas l'utilité d'augmenter la dose formidable d'illusion dont nous nous abreuvons. Fataliste, je ne le suis nullement. Je crois simplement à un large déterminisme social se rattachant au déterminisme cosmique.

Il me suffit d'avoir fait un livre de vérité — ou du moins ce qui m'apparaît tel. J'ai eu pour objet, je le répète, non d'échafauder un système ni de caresser des vanités nationales, mais uniquement d'éclairer une situation, de faire toucher du doigt quelques-uns des sophismes qui nous entourent et d'appeler l'attention sur un problème qui nous touche d'assez près.

Je ne parle pas de ceux qui crieront à l'exagération et au pamphlet, alors que ces pages, empreintes de la plus absolue modération, demeurent plutôt au-dessous de la vérité, dans l'analyse du « péché originel des sociétés latines », suivant la frappante expression de Guillaume Ferrero.

On pourrait m'objecter encore, avec plus de vraisemblance, que je ne justifie pas mon titre en m'occupant surtout de la France et peu des autres pays latins. Si j'ai pris la France comme type, c'est que je la connais et la sens intimement. Je laisse à d'autres le soin d'étudier le même problème au point de vue particulier de leurs patries respectives ; et précisément, au moment même où ce livre paraît, le sénateur Vitelleschi expose à ses compatriotes italiens des idées parallèles à celles qu'on trouvera ici.

C'est aussi parce qu'à travers la France, on comprend mieux le monde latin dont elle est comme un microcosme, comme l'expression la plus achevée et la plus définie. Sous les apparences les plus diverses et dans les situations en apparence les plus opposées, les peuples latins sont tous logés à la même enseigne. Le problème est pour chacun d'eux le même *au fond.*

LE PASSÉ

LA ROMANISATION

Au cours de recherches antérieures sur les événements religieux du xvie siècle, un trait de lumière jaillit pour nous, très fortuitement, des feuillets d'un banal atlas géographique. Nous venions de consulter la carte de l'Europe occidentale, après la Réforme, montrant les limites du « monde protestant » et du « monde catholique », lorsque tournant quelques pages, une autre carte, presque identique, vint frapper notre vue ; presque identique, voulons-nous dire, quant au tracé plutôt schématique de la ligne frontière séparant les deux « mondes ». Les délimitations, à voir non le détail mais l'ensemble — et en se bornant à l'Europe continentale — coïncidaient presque.

Et que figurait cette seconde carte ? Les limites du « monde barbare » et du « monde romain » au ive siècle de notre ère.

Cette involontaire comparaison nous apparut énormément suggestive. Le *monde romain* et le *monde catholique* d'une part, le *monde barbare* et le *monde protestant* d'autre part se confondaient géographiquement. Les peuples qui furent sujets de l'Empire romain au IVe siècle, étaient ceux-là même qui, douze siècles plus tard, s'étaient décidés pour le maintien du papisme ; de même que les « barbares », demeurés à l'abri du contact romain, se métamorphosaient, au seuil de l'histoire moderne, en conquérants de la liberté spirituelle..... Pas un instant l'idée ne nous vint qu'il n'y avait là que coïncidence purement fortuite. Et le problème nous parut valoir d'être scruté plus à fond.

Jamais la nécessité de remonter aux sources pour s'expliquer le présent ne nous apparut aussi vivement qu'à la vue de ces deux cartes si humbles d'apparence et de si profonde signification. Cette simple ligne qui, sur la carte, sépare le romain du barbare et le catholique du réformé, nous renseigne plus véridiquement sur l'histoire moderne qu'une bibliothèque entière de mémoires ou qu'un musée de documents.

Elle représente la *ligne de partage des âmes*, de même qu'au point de vue du relief du sol se dessine une ligne de partage des eaux. Elle sépare deux mondes qui, par les circonstances qui ont entouré leur naissance et leur croissance, se sont maintenus psychiquement hétérogènes, en intime opposition. Voilà ce qu'il ne faudrait pas, sous prétexte d'humanisme et de largeur mentale, oublier, car cela, c'est un fait, quelque chose d'éminemment réel et tangible, ne tenant en rien de la théorie ni de l'hypothèse.

Les peuples situés au delà de la rive droite du Rhin et de la rive gauche du Danube et qui ont pour centre la « mer germanique » (mers du Nord et Baltique) — en ne considérant que les masses, je le répète — constituent, non seulement au point de vue de la civilisation, du tempérament et des mœurs, mais de *l'esprit ethnique*, un groupe d'humanité, et ceux que baigne la Méditerranée en constituent un autre. Que d'ailleurs les plus diverses familles humaines au point de vue de la race aient contribué à la formation de chacun de ces deux groupes, nous ne nous en préoccupons nullement, laissant ici de côté la question anthropologique. C'est uniquement sous son aspect moral, psychique, que nous envisageons la moitié occidentale de l'Europe, telle que l'ont enfantée les circonstances historiques et les milieux. Ce qui nous intéresse ce n'est ni le Celte ni l'Ibère, pas plus que le Saxon ni le Borusse, mais l'esprit qui anime telle nation, l'essence de telle civilisation, le caractère intime de tel peuple.

C'est à ce point de vue que l'Europe occidentale nous apparaît divisée en deux groupes, le *monde latin* et le *monde germanique*, ou plus simplement, le groupe du Sud et le groupe du

Nord : le premier comprenant tous les territoires réduits naguère par Rome en provinces impériales (le cas de la Grande-Bretagne, postérieurement reconquise et colonisée, étant réservé), le second, tout ce qui, par la distance ou la résistance, put se soustraire à l'emprise romaine.

Contre l'apparente artificialité de ce point de vue, beaucoup s'insurgent, nous le savons : à tort, selon nous. Nous nous demandons comment le fait de s'être identifié à Rome, d'avoir pendant des siècles vécu uniquement de sa vie, d'avoir été marqué, jusqu'au tréfonds de l'être, de son empreinte, aurait pu ne pas créer une intime analogie, malgré tout persistante — malgré les différences de races, de vicissitudes historiques, de situation géographique — entre les peuples qu'elle coula, corps et esprit, dans son moule ? Et de même dans le cas contraire : les peuples dont les origines sont pures du contact romain, qui demeurèrent « barbares », c'est à dire eux-mêmes, ne peuvent pas ne pas présenter certains caractères identiques.

Au IVᵉ siècle, il y avait en Europe un monde civilisé et un monde barbare. Au XXᵉ siècle, il n'y a plus de barbares, au sens antique du mot : mais, à travers les civilisés d'aujourd'hui transparaît l'antique subdivision qui se manifeste d'une manière éclatante, dans les mœurs comme dans la religion, dans les cerveaux comme dans la vie.

Dans une étude récente consacrée à la Réforme et à la Révolution françaises, nous étions contraint de condenser en quelques lignes cette opinion : qu'entre le rejet de la Réforme par les peuples du Midi et leur réduction en provinces romaines il y avait un lien. Simplement énoncée, sans l'indispensable développement qu'elle comporte, cette idée ne put alors être comprise dans sa portée réelle. Dans la suite elle nous apparut d'une importance telle, que le désir nous vint de la reprendre et de l'éclaircir en lui donnant toute son étendue. Elle constituait ainsi la base d'une étude nouvelle — celle que nous avons entreprise ici — qui s'adaptait étroitement à la précédente, la complétait, l'élargissait, lui donnait à la fois son fondement et sa conclusion nécessaires.

En un mot, l'analyse du problème religieux dans l'Europe du xvi° siècle nous a conduit à l'examen de nos origines historiques et psychiques. Après avoir cherché dans le maintien du catholicisme chez les peuples du Midi de l'Europe la raison majeure de leur situation présente d'infériorité, c'est maintenant le pourquoi de cette impuissance à se réformer qui va retenir notre attention. C'est à l'origine de nous-mêmes, en tant que membres de la famille latine, qu'il fut résolu par nous de remonter pour nous rendre plus capables d'envisager sous un jour de vérité l'un des problèmes capitaux du monde contemporain, le plus vital pour nous.

* *
*

Cette opposition foncière d'esprit et de tradition entre le groupe du Sud et celui du Nord, il nous faut l'illustrer par des faits et par des exemples.

Considérons un moment, d'un peu près, nos origines.

D'où sort historiquement ce groupe d'humanité qui est actuellement le peuple français ? De la conquête.

Et d'une conquête dont la facilité et la pérennité ont fait l'étonnement de l'histoire.

Cinq campagnes suffirent à César pour réduire la Gaule en provinces romaines et sans même que Rome eût à s'en occuper, le général agissant de lui-même. « De toutes les guerres que Rome entreprit, — c'est l'impartial Tacite qui le note — aucune ne fut plus courte que celle qu'elle fit contre les Gaulois. » Sauvé de la conquête germaine par César, le Celte, maître de la Gaule, tombe aussitôt sous la domination romaine. D'un seul coup, pour ainsi dire, l'indépendance gauloise s'effondre.

Et ce qui, plus encore que la rapidité de la

victoire, stupéfia les contemporains, ce fut la merveilleuse docilité des vaincus, au lendemain de la défaite. Maîtrisée, la Gaule se ploie au joug, non seulement sans regret, mais plutôt avec une sorte de contentement intime. La ruine de son indépendance consommée, elle ne songe pas un seul instant, — comme on avait pu s'y attendre — à se recueillir pour d'ultérieures revanches : elle sourit à son vainqueur et se témoigne heureuse. Heureuse avant tout d'avoir vu clore par la main de César l'ère des luttes contre les terribles voisins du Nord et de savoir écartée la crainte de l'envahissement par les bandes d'outre-Rhin, semeuses d'épouvante, elle s'apprête à jouir délicieusement de la *pax romana*, de cette protection toute-puissante que Rome assurait aux peuples conquis en échange d'une totale soumission.

Dès lors cette docilité demeura, en d'it de tentatives partielles, la proverbiale vertu du Gaulois incorporé à l'Empire. Un siècle après la conquête, l'empereur Claude en témoigne devant le Sénat : « Jamais depuis qu'elle a été domptée par le divin Jules, la fidélité de la Gaule n'a été ébranlée ; jamais, même dans les circonstances les plus critiques, son attachement ne s'est démenti. » Plus tard, lors de la tentative d'insurrection fomentée par le batave Civilis, *quatre* cités gauloises sur soixante-quatre s'associèrent

à la tentative, et pour rentrer bientôt dans l'obéissance, à un moment où la Gaule étant vide de
troupes romaines, rien ne semblait s'opposer
au succès d'un soulèvement. Librement consul-
tée, elle se déclare presque unanimement pour le
maintien de la dépendance. Ce qu'elle voulait,
avant tout, c'était une protection contre les
« barbares » septentrionaux, qui lui apparais-
saient comme tels dès cette époque, à elle la déjà
civilisée.

Singulier dans son acceptation passive de la
défaite — lui qui avait apparu jusque-là comme
l'indomptable, l'irréductible — le Celte ne l'est
pas moins par certains traits de son caractère,
tel qu'en quelques mots nous l'a dépeint l'antiquité.

Il y a une phrase qui reparaît dans les *Commentaires* de César avec l'insistance d'un *leit-
motiv*, celle-ci : « Les Gaulois changent aisément
de volonté ; ils sont légers et mobiles ; ils aiment
les révolutions. » Bien avant César, le vieux Caton
avait enregistré ces deux traits essentiels : « Les
Gaulois pour la plupart poursuivent deux choses
avec ardeur : la guerre et le beau langage. » Ces
deux notations contemporaines, à défaut de plus
amples renseignements, suffiraient à fixer la
psychologie de nos aïeux. Aveuglément braves,
aimant d'une passion effrénée la lutte pour le
plaisir de donner et de recevoir de beaux coups,

épris de contes et de discours, ils sont éminemment dépourvus d'esprit organisateur et de sérieux. Leur naïveté va jusqu'à la duperie de soi-même, leur mobilité et leur fluidité sont extrêmes, leur naïveté colossale : l'impulsion est chez eux toute-puissante, le caractère est faible. Terribles et puérils en un mot. Le Celte, migrateur et guerrier, avant tout fervent de l'aventure, avec toute la poésie et la plénitude de jouissance qu'elle comporte, mais aussi avec tous ses risques, toute son inutilité, semble traverser la vie comme enveloppé d'une atmosphère d'irréalité.

Seule la connaissance du tempérament gaulois peut expliquer son étrange destin. Un peuple a semé dans presque tout le monde connu des anciens la terreur de son nom, apparaissant tour à tour sur les points les plus opposés de l'univers antique, parcourant l'Europe, l'Afrique et l'Asie comme une race de géants et de conquérants. Le Gaulois surgit comme un torrent dévastateur, aux regards épouvantés des Grecs et des Romains, pillant Delphes et Rome, puis à Troie, sur les bords du Nil, à Carthage, en Orient, fondant çà et là des empires. Si un peuple apparut jamais, dans la haute antiquité, doué d'énergie et de personnalité, inassimilable et irréductible, ce fut assurément celui-là, le barbare-type, semblait-il.

Or, c'est l'exact contraire qui par la suite se démontre.

Le Celte ayant cessé sa course héroïque à travers le monde et définitivement établi en Gaule — le Celte, effroi de tous, et dont les Romains avaient gardé une terreur telle qu'ils avaient créé une formule spéciale pour exprimer leur épouvante à son approche — se laisse réduire avec la plus stupéfiante facilité. Et, vaincu, il ne tente aucun effort réel pour recouvrer sa liberté : bien plus il se réjouit et s'enorgueillit de sa dépendance. Rien ne subsiste de sa prodigieuse jactance, de son goût de l'aventure, de son désir d'inspirer la terreur. Souple et docile, il se laisse assimiler par son vainqueur. Le rude barbare effréné se plie sans murmure à l'obéissance.

Tant d'audace, de bruit, d'aventures et de victoires, de conquêtes et d'héroïsmes viennent aboutir à la défaite, non seulement à la défaite au grand jour, sur le champ de bataille, mais à celle qui se consomme dans le silence de la vie intérieure des individus, à la défaite des consciences. L'éblouissement du monde, puis la disparition dans le néant : ainsi pourrait-on figurer le schema de la destinée de météore du Celte — destinée symptomatique lorsqu'on en rapproche l'histoire du peuple sorti de l'asservissement de la Gaule.

.*.

« Elle est domptée, maintenant, cette Gaule, qui jadis jeta sur nous les Ambrons et les Cimbres. Tout entière elle est livrée au labour, comme l'Italie elle-même », écrit non sans patriotique fierté l'historien Dion Cassius.

On l'a maintes fois constaté — jamais cependant avec assez de force : la romanisation de la Gaule fut rapide, universelle et profonde.

L'histoire courante signale avec grand soin les étapes de la surprenante métamorphose subie par la terre gauloise au contact italique. Dès le lendemain de la conquête, la transformation s'inaugure et s'accélère dans toutes les parties de l'organisme. Le territoire se couvre de palais, de temples, de théâtres, de thermes modelés sur ceux du vainqueur. La hutte du primitif disparaît devant la somptueuse habitation de pierre pourvue de tout le confort, de tout le luxe des civilisations vieillies. Une cohue de serviteurs, de factotums et de baladins envahit la demeure de l'ex-aventurier. Des villas dont l'agencement et l'ornementation démontrent l'extrême raffinement du goût, parsèment les campagnes où le barbare d'hier poursuivait les fauves, à demi fauve lui-même. Des industries de luxe, des habitudes insolites s'enracinent partout. Une littérature, un art étrangers inondent de leurs productions cette terre nouvelle. Les rudes divinités celtiques elles-mêmes s'éclipsent dans ce *fiat lux* et sont remplacées par les pompeuses figures de l'Olympe gréco-latin. La vie politique, la vie municipale, l'administration, le droit également se romanisent. Des écoles surgissent çà et là où l'on enseigne les « humanités », où l'on coule les jeunes esprits gaulois dans le moule latin. La transformation de la Gaule à partir de la conquête est, en un mot, totale.

Voilà ce que constatent à l'envi, et dans un grand luxe de détails, tous nos historiens. Mais ce qu'ils oublient de faire, pour la plupart, c'est la *philosophie de cette romanisation.....*

Lorsqu'un peuple est ainsi brusquement jeté hors de sa voie naturelle, cela ne va pas sans des conséquences qu'il serait pour le moins intéressant de noter. Lorsqu'un peuple vaincu rompt subitement ses attaches avec son passé pour désormais recevoir du dehors tout ce qui constitue la trame de l'existence et l'aliment des individus, cela vaut la peine qu'on s'y arrête. Il ne suffit pas de manifester son plaisir à la vue du Gaulois, hier fruste et sauvage, aujourd'hui métamorphosé en parfait civilisé : il faut conclure ! L'histoire nous offre le spectacle d'un peuple qui a tout perdu et tout acquis, qui a radicalement et sans transition changé ses mœurs, sa politique, sa religion, son droit, sa vie sociale, sa langue, qui a vécu d'une vie étrangère pendant quatre siècles et demi. Il semble vraiment qu'à moins de se résigner au rôle de pur et simple annaliste, il faille tirer les conséquences de cet événement.

Nous voulons dire qu'à cette romanisation externe de la Gaule que notent tous les écrivains correspond une romanisation *interne*, moins visible, mais infiniment plus importante au point de vue de l'avenir du peuple et plus tard de la nation.

Il ne faudrait pas croire que le Gaulois ait simplement supporté, en qualité de vaincu, les directions de Rome. C'est bien de lui-même, après la défaite, qu'il s'est voulu Romain, c'est avec avidité qu'il s'est précipité vers son nouveau destin. Il n'a pas subi par contrainte l'influence du vainqueur, conservant au dedans de lui-même la fidélité à l'esprit de sa race : c'est tout entier qu'il se donne, qu'il oublie et qu'il acquiert. L'attitude du Gaulois provincialisé n'a été en rien celle de l'opprimé acceptant son sort en silence, mais bien le don entier et joyeux de soi-même au maître providentiel, au sauveur.

Un peuple peut accepter l'influence du dehors, sans pour cela cesser d'être lui-même au fond. L'apport étranger ne le dénature pas, à proprement dire, si, par delà, son intime originalité subsiste. Dans le cas présent, au contraire, la métamorphose est absolue. Au contact de l'Empire, la Gaule biffe d'un trait son existence ancienne et inaugure une vie nouvelle.

Et si nous n'avions par ailleurs des preuves contemporaines de cette dénaturation interne des habitants de la Gaule, nous n'aurions qu'à logiquement déduire les conséquences fatales de leur adoption enthousiaste et sans limites des idées et des pratiques romaines. Du panthéon gaulois rien ne subsiste sous le régime romain. Tout le droit celtique périt. Les anciennes mœurs sont abolies. La langue disparaît totalement. Or pour un peuple, l'abandon absolu de sa langue est le signe de l'abandon de sa personnalité, le langage étant l'expression directe, le symbole adéquat de la vie intérieure, « la représentation fidèle du génie des peuples, comme l'a dit Michelet, l'expression de leur caractère, la révélation de leur existence intime, leur verbe, pour ainsi dire ». Le celtique disparu, que pouvait-il demeurer du Celte véritable ? Cette substitution de langage a, en réalité, une importance de tout premier ordre. On pourrait dire qu'elle représente le phénomène-type, la démonstration externe de la perte d'originalité subie par nos ancêtres.

Il n'y a d'ailleurs qu'à parcourir l'histoire de la

Gaule durant les quatre premiers siècles de notre ère pour trouver les preuves de cette absolue romanisation interne. « Durant cinq siècles — c'est le plus scrupuleux et le plus précis des historiens qui le constate, Fustel de Coulanges — le patriotisme des Gaulois fut l'amour de Rome. » Et Michelet — de tempérament absolument opposé — marque également, d'un trait, ce résultat essentiel de la conquête : « Aucune province en effet, dit-il, n'avait plus avidement reçu l'influence des vainqueurs. Dès le premier aspect, les deux contrées, les deux peuples avaient semblé moins se connaître que se revoir et se retrouver. » L'ambition intime et constante, le plus cher désir du Gallo-Romain, après son incorporation matérielle à l'Empire, c'est de s'y intégrer moralement, d'arriver à en faire partie, non point nominalement, mais en réalité et en esprit. Et il y parvient rapidement, tant est grande son application à se modeler sur ses maîtres, tant est complet son oubli de lui-même, de sa propre personnalité. Le voici métamorphosé en parfait et irréprochable citoyen de Rome, Latin non seulement de mœurs, mais de conscience.....

Ceci se manifeste à un point tel qu'au ivᵉ siècle, l'ex-Gaulois est devenu plus Romain que son vainqueur, et que la Gaule est devenue le vrai cœur de l'Empire ! Et lorsque Rome a sombré dans la tourmente, que le lien impérial s'est rompu, la Gaule demeure jalousement romaine, s'obstine à maintenir dans l'Occident l'intégrité des traditions latines.

Qu'on y songe : lorsque quinze générations se succèdent, imbues de pensées, de mœurs, de sentiments, de pratiques religieuses et politiques, de lois, d'un enseignement, d'un idiome étrangers, qu'absolument rien ne subsiste des traditions antérieures d'un peuple, comment ce peuple n'aurait-il pas subi une déviation capable de modifier à jamais sa nature essentielle ? Comment oserait-on soutenir que quatre à cinq siècles de vie romaine en Gaule ont pu ne pas marquer d'une empreinte ineffaçable ce qui devait être plus tard la France, ne pas façonner l'être moral de nos pères ?

Les contemporains d'ailleurs ne s'y sont pas trompés. — Il vint un moment — à partir du Ve siècle — où les habitants de la Gaule ne furent plus mentionnés par les annalistes ou les juristes que sous l'appellation de « Romains ». Et nous voyons dans cette appellation la sanction du fait qui seul ici doit être retenu : que le Celte avait positivement et littéralement acquis une *âme romaine*, que l'ex-barbare était pour jamais *dénaturé*.....

. * .

Il faudrait tenter pour l'éclaircissement de l'histoire française une psychologie du Gallo-Romain.

Nous n'avons certes pas l'ambition de combler cette lacune ni l'envie d'alourdir cette étude. Il nous suffira de noter au passage quelques traits importants de la vie spirituelle de nos pères.

Consultons le recueil de la littérature de la Gaule pendant les quatre premiers siècles de l'ère chrétienne. Nous y trouvons des rhéteurs diserts, des polygraphes habiles, des compilateurs superficiels, des versificateurs raffinés, d'élégants pasticheurs. Voilà à quoi se réduit à peu près l'intellectualité gallo-romaine. On copie et on fignole : nulle trace d'originalité ni d'effort créateur. Toute cette basse littérature de flatteurs et d'impuissants, livresque et plate, exhale un mortel parfum de décadence. Qu'il s'agisse d'Eumène ou d'Ausone, de tel autre rimeur ou rhéteur, on se borne à l'élégant et au gracieux, au pompeux et au traditionnel. Les assimilateurs très doués, merveilleusement habiles à recouvrir d'un vernis nouveau les choses anciennes, abondent. Nulle part ne se montre une personnalité virile, d'esprit autochtone, de libre envergure, d'authentique génie. Ces convertis, ces assagis ont déjà l'âme vieille, ont communié en la décadence gréco-latine. Toute cette société merveilleusement polie passe son temps à versifier et à discourir en style maniéré, suivant les plus estimés des modèles antiques. Le plaisir suprême pour le Gaulois de bonne situation sociale c'est de se prouver bel esprit. « Exceller dans ces jeux d'esprit — constate M. G. Bloch, le plus récent des historiens de cette époque — était comme un brevet de noblesse. » « Jamais l'instruction littéraire ne fut appréciée plus haut — affirme à son tour Fustel de Coulanges — jamais on n'estima tant l'art de bien parler et de bien écrire... jamais il n'y eut tant d'habiles versificateurs, et si peu de poètes..... On n'écrit que pour faire montre de son talent. »

Mais un trait infiniment plus curieux et plus symptomatique se découvre dans la civilisation gallo-romaine : c'est le *triomphe du rhéteur* dans cette société à la fois si jeune et si caduque.

On ne manque jamais de signaler l'amour passionné du pur Celte pour l'éloquence et nous avons nous-même noté ce significatif penchant. Ce qu'il importe de remarquer, c'est l'élan que communiqua la culture latine à cette propension native. Dès que Rome et la Grèce eurent initié la nouvelle province aux arcanes de l'art de bien dire, elle se précipita dans cette voie avec une ardeur et un ensemble merveilleux. Elle fit presque sien ce domaine spécial, le cultivant avec un amour et un talent exceptionnels. Ce fut une véritable hypertrophie de la parole, un ruissellement ininterrompu de périodes. Le rhéteur fut le vrai maître de cette société ingénument décadente.

La rhétorique — c'est à dire, au fond, l'art du sophisme, la science de donner au faux les apparences du vrai, l'art de dissimuler le fond sous la forme — apparaît comme l'âme de la vie intellectuelle dans tout l'Empire, qu'elle parsème de ses chaires et noie sous ses flots. Dès que Rome prenait pied quelque part, la rhétorique jaillissait aussitôt : à tel point que la preuve indubitable de son établissement sur un point quelconque du globe, c'était la présence du sophiste, du parleur professionnel, du déclamateur à gages. Mais nulle part autant qu'en Gaule, si ce n'est en Espagne, autre nation romanisée, ne s'épanouit le phénomène oratoire : l'éloquence y fut, comme on l'a dit, le « genre national ».

C'est presque uniquement la rhétorique que l'on professe dans les écoles de la Gaule : le reste de l'enseignement n'est que hors-d'œuvre. Et en fait, la rhétorique seule conduisait aux grandes situations sociales — trait, soit dit en passant, qui se retrouve de nos jours, où tout homme ayant en vue une carrière politique doit passer par le barreau. Un bon parleur pouvait ambitionner toutes les places, tous les honneurs. Presque tous les postes d'importance étaient occupés par les fidèles de cet art des arts. De sorte que la Gaule se trouvait administrée, gouvernée, instruite, représentée par une poignée de rhéteurs.

Si l'on cherchait des témoignages précis de cet exceptionnel succès de la rhétorique gallo-romaine, il suffirait de l'exemple suivant. La renommée du rhéteur des Gaules devint telle qu'il fit prime dans tout l'Empire. Les grandes écoles de l'Italie, les tribunaux impériaux, les conseils d'État étaient peuplés de nos orateurs et de nos professeurs. Ils étaient attachés comme précepteurs à la maison de l'empereur. Le rhéteur devint un article courant que la Gaule exportait jusqu'en Orient. L'un d'eux devint même empereur. Il est d'ailleurs un fait, signalé par l'historien G. Bloch, qui par lui-même est assez riche de signification. Les premières écoles de rhétorique latine à Rome furent fondées par Plotius et Gnipho, deux Gaulois. Après la nécessaire mais brève initiation, c'est la Gaule qui se fait, en ce genre bien spécial du développement oratoire, l'éducatrice de son vainqueur. Et il n'est pas indifférent de noter que les seuls rivaux de nos ancêtres, en l'art du discours, furent les Espagnols : le rhéteur ibéro-latin, plus fougueux, plus passionné, plus emphatique encore que son confrère d'outre-Pyrénées, triomphait également à Rome, où deux d'entre eux fondèrent des écoles de déclamation très en faveur auprès des intellectuels de la métropole.

Nous ne pouvons nous empêcher de considérer comme singulièrement significative, à l'aube d'une histoire où devait si magnifiquement s'épanouir la puissance du mot et du sophisme, cette omnipotence du rhéteur, cette souveraineté de la phrase. Comment ne pas reconnaître que l'invincible tendance française à se payer de mots, à s'enivrer de syllabes et de périodes, à se nourrir de sophismes, à se fier aux apparences, à se maintenir dans le superficiel et l'irréel, apparaît ici dans ses racines plus tard inextirpables? Comment ne pas comprendre notamment le triomphe postérieur du jésuitisme sur un terrain si bien préparé? Ce culte passionné et presque exclusif de la rhétorique, à l'époque gallo-romaine, nous l'envisageons absolument comme un fait prophétique, éclairant d'un lumineux rayon une part de notre destin. Car cette dévotion au mot et à la lettre, cette hypertrophie de la parole, cet art exquis de voiler les choses sous les périodes, ce prestige des superficialités — alors qu'ailleurs on agit plus qu'on ne parle, que le fait silencieux prime la clameur oratoire — bien loin de disparaître avec le monde romain, devaient à travers les siècles et jusqu'à nos jours se maintenir intégraux et prépondérants.

Lorsqu'il s'agit d'exprimer un avis sur les conséquences pour la Gaule de cette absolue dénaturation, l'histoire est unanime. Rome fut la bienfaisante initiatrice. De l'état de complète barbarie la Gaule s'achemina rapidement, sous l'hégémonie romaine, vers une ère de prospérité et un degré de civilisation qui déterminèrent son rôle exceptionnel dans l'avenir. Avant son apparition, c'est l'anarchie, le règne de la brute, le néant social ; dès qu'elle intervient, c'est la richesse, l'expansion, la culture. Soyons donc reconnaissants à l'Empire de nous avoir faits réellement ce que nous sommes.....

Telle est l'opinion courante. Nous ne pouvons nous y associer. Et c'est d'un autre point de vue que nous jugeons ce problème de la philosophie de l'histoire.

Il serait assurément puéril de nier l'énorme apport de civilisation dont Rome fut pour la Gaule le point de départ. Le vainqueur, en se faisant l'éducateur du vaincu, en l'initiant à une foule de connaissances et de pratiques longues à acquérir, lui fit franchir en quelques années plusieurs siècles d'évolution sociale. Mais c'est précisément cet apport soudain de civilisation que nous trouvons néfaste ! C'est cette brusque initiation de barbares, naïfs et non-pensants, avides et légers, à une foule de choses vieilles et compliquées, qui nous paraît avoir eu des conséquences déplorables..... Nous voyons bien le noble dans sa merveilleuse villa, le citoyen dans sa cité aux nobles architectures, l'industriel dans son usine, le paysan sur son champ défriché, le batelier sur le fleuve, le commerçant, l'avocat, le prêtre, le professeur, l'artiste, le magistrat ; nous admirons cet épanouissement prodigieux de tant d'activités nouvelles sur la sauvage terre celtique. Mais comment se réjouir lorsque, perçant ce voile somptueux d'apparences, on s'aperçoit que le fond de tout cela est la décadence intérieure, l'amoindrissement des caractères, l'atrophie des énergies ? Qu'autant les extériorités sont splendides, autant est profonde la faiblesse morale du Gaulois après ces quatre siècles et demi de vie romaine ? Le spectacle est merveilleux, nous le confessons, mais il faut aussi considérer le résultat final.

Résultat qui d'ailleurs ne peut apparaître que normal et fatal à tout esprit doué de réflexion. Il n'y a nulle contradiction entre l'état de prospérité matérielle qu'accuse la Gaule romanisée, et celui de misère intérieure auquel elle aboutit. Voici de purs barbares, de mœurs frustes et de cerveau puéril, un peuple de chasseurs et de guerriers, mis brusquement en contact avec une civilisation d'extrême complexité. Que pouvait enfanter cette soudaine communion de la brute primitive en des élégances, des subtilités, des raffinements d'un peuple déjà au seuil de la décadence ? Le flétrissement intime. Alors qu'une éducation méthodique, qu'un dégrossissement progressif seraient seuls efficaces en un tel cas, le Gaulois s'efforce d'acquérir en bloc les qualités qu'il admire chez son vainqueur. C'est ainsi qu'il passe de l'extrême jeunesse à l'extrême vieillesse sans transition. Quel plus sûr moyen de corrompre une race ?

Si l'on mettait un enfant en présence des œuvres les plus raffinées que l'humanité ait produites, avant que son cerveau fût parfaitement en état de les juger, la folie serait patente. L'immanquable résultat d'une telle méthode sur l'âme de l'enfant serait un affaiblissement et une corruption de l'être intime, une caducité précoce.

Lorsque nous envisageons l'état de la Gaule romanisée, spécialement l'état des esprits, des symptômes non équivoques font entrevoir la maladie intérieure : la primauté de la rhétorique, la dévotion aux lettres, l'abondance des artistes et des intellectuels, toute cette vie tellement policée, ces mille sentiments et pratiques artificiels, chez un peuple hier encore à l'abri dans ses huttes et ses cavernes, donnent l'impression d'un semblable flétrissement infantile, d'un réel empoisonnement aux sources mêmes de la vie physique et morale. Le primitif qui s'approprie les mœurs de l'extrême maturité fausse le développement de son être entier. Le Gaulois pareillement parvient, par l'absorption d'une civilisation décadente, à la perte de son énergie, à l'énervement, à la paralysie (1). Avant tout soucieux de jouir des bienfaits de la « paix romaine », il s'y laisse ensevelir avec son individualité, sa volonté, sa force.

Voilà pourquoi le résultat général de la romanisation de la Gaule nous paraît avoir été corruption, amollissement. Corruption par l'initiation d'un peuple encore enfant à une civilisation trop mûre, amollissement par la souriante indolence du nouveau sujet de Rome au sein de cette félicité nouvelle. L'Empire romain en décomposition a contaminé de son étreinte les peuples latins.

(1) Cette curieuse épître poétique de Sidoine Apollinaire (citée par Fustel de Coulanges) est un document bien significatif de psychologie gallo-romaine : « Comment veux-tu que je t'écrive un chant d'hyménée, entouré que je suis de ces troupes aux longs cheveux et assourdi des sons rauques de leur langue ? J'entends les chants du Burgonde aviné, et ma veine poétique se glace. Ma muse ne sait plus faire des vers de six pieds depuis qu'elle voit des protecteurs qui en ont sept. Tu es heureux de ne pas sentir dix fois chaque matin leur odeur d'ail ; car dès le point du jour ils viennent nous saluer, ces géants, comme si vraiment nous étions leur grand-père. »

L'histoire impartiale, en dépit de son parti-pris coutumier, ne peut s'empêcher d'ailleurs de le constater. On trouve sous la plume de Fustel de Coulanges ces lignes suggestives : « On est saisi de tristesse en pensant que ce sont ces *délicats* et ces *raffinés* qui vont se trouver en présence des barbares..... Tandis que les classes inférieures manquaient d'énergie à cause de leur dépendance même, la classe élevée en manquait tout autant malgré sa supériorité. La société était aristocratique, et, par un rare malheur, l'aristocratie était *sans force*..... Il se produira alors des faits qui semblent aujourd'hui presque incompréhensibles, mais qui étaient alors inévitables : on verra le gouvernement impérial être réduit à enrôler des Germains, et les grands propriétaires provinciaux accueillir tous les barbares qui promettront de les défendre..... »

Le début est mauvais pour un peuple qui commence par une période d'énervement et de dévirilisation. Quelles que soient les phases de sa future existence, il conservera les marques de ce flétrissement précoce à jamais empreintes dans la chair et dans l'esprit.

L'ÉGLISE ET L'EMPIRE

L'Empire s'écroule. L'invasion germanique en Gaule se transforme en conquête définitive.

Alors, semble-t-il, la situation a changé du tout au tout. Par l'effet de la victoire des barbares vierges, le romanisme va s'anéantir ou capituler. Cet afflux de sang jeune, revivifiant le monde gallo-romain, va lui faire perdre le souvenir de son existence d'hier encombrée de choses vieilles et flétrissantes. La vraie France va naître hors du contact de la « Romanie » submergée.

Or il n'en est rien. Les choses ne sont changées qu'en apparence. C'est le vainqueur qui se trouve finalement le vaincu, c'est l'envahisseur matériel qui est conquis moralement. Ce n'est pas le Gallo-Romain qui se retrempe dans ce bain de nature et de barbarie, c'est au contraire le Franc qui se latinise.....

Nous touchons ici à un phénomène du plus vif intérêt et qui donne vraiment la clef de l'histoire française. C'est à ce moment précis que se détermine l'avenir du pays. C'est ici le point de départ de tout notre destin, le germe initial auquel se rattachent les futures Réformes et Révolutions, avec les solutions qu'elles comportent.

Car *l'Eglise* — nouvelle puissance mondiale, nouvel Empire — *était entrée en scène avant le Franc*.

Durant les derniers siècles de l'Empire, un immense travail intérieur s'était accompli. L'Eglise chrétienne, tout d'abord humble et souterraine, avait grandi dans les persécutions. De siècle en siècle, ses conquêtes s'étaient élargies avec une incoercible rapidité. Et à mesure qu'elle croissait en force, elle envahissait le monde romain, « se coulait peu à peu dans le moule de l'organisation impériale ». Lentement et silencieusement elle se glissait jusqu'aux centres de pouvoir et d'influence. Toutes les places de l'Empire tombaient successivement en sa possession : la hiérarchie impériale et la sienne propre tendaient à se confondre et à s'identifier.

Et cette intrusion méthodique s'effectuait au moment même où les cadres officiels de l'Empire fléchissaient par suite de la lassitude générale d'un monde frappé de caducité et d'inertie. Lorsque l'Eglise reçut, par l'édit de Milan, l'approbation officielle du pouvoir impérial, elle n'eut qu'à parfaire la conquête de l'Empire dont elle devenait la vraie maîtresse, elle, jeune et vivante, au milieu de cette cohue d'énervés et de décadents. A partir de ce moment c'est la prise de possession totale, absolue. Dans chaque ville l'Eglise s'installe dans la curie ; ses sanctuaires remplacent les vieux autels du polythéisme. A la tête de chaque province siège un archevêque. Dans la cité le titre de *defensor civitatis* passe à l'évêque.

Alors se produit le phénomène. Lorsque l'Empire, dont le lien se dénoue de toute part, vient à s'écrouler et que l'on s'attend, la poussière de cet effondrement dissipée, à ne plus voir que ruines et cendre, on aperçoit, solide et massive, la haute façade de l'Eglise se dresser au grand jour sur l'emplacement de l'Empire déchu.....

Etrange métamorphose, réelle palingénésie qui clôt les temps antiques et qui est l'un des spectacles les plus étonnants de l'histoire..... C'est une véritable substitution ou transmission de pouvoirs, à tous les degrés. La Rome papale succède de toutes pièces à la Rome impériale. Le Vatican (en germe dans le palais Latran) prend la place du Capitole.

Pour saisir toute la portée de ce fait immense, il faut constater que ce n'est pas seulement à la lettre, dans ses formes et ses apparences, que l'Eglise se substitue à l'Empire, mais également en *esprit*.

A ses humbles débuts, au temps de la persécution systématique, elle avait présenté l'image de la plus absolue démocratie, tous pouvoirs étant entre les mains des fidèles. Peu à peu, tandis qu'elle s'insinue dans l'Empire, l'esprit romain la pénètre et modifie sa constitution. A mesure que l'Empire se christianise, le christianisme s'impérialise. Des fidèles le pouvoir passe aux prêtres, des prêtres aux évêques, des évêques au pape. En un laps de temps relativement très court, l'Eglise franchit les étapes de la démocratie pure à la monarchie absolue. Au moment où elle se trouve maîtresse de l'Empire tombé en pourriture, elle a pleinement adopté le principe d'autorité absolue, tel qu'il fut pratiqué par la monarchie antique. Elle est devenue impériale d'esprit comme de visage, de tempérament comme d'aspect : « L'âme impériale des Césars — comme on l'a dit — passa dans le catholicisme et le vieillit aussitôt de plusieurs siècles..... »

Totale est donc l'identification. L'Eglise porte dès lors en elle toutes les traditions antiques et ne sera dans l'avenir que l'incarnation d'un nouveau romanisme. Ou plutôt le *catholicisme devenait la forme médiévale du romanisme.*

Avec quelle admirable netteté s'aperçoit dans l'histoire cette substitution ! Aussi clairement qu'on voit naître et s'épanouir une âme romaine dans l'individu gaulois, pareillement se découvre le développement de l'esprit impérial au sein de la primitive communauté chrétienne composée d'humbles gens , plébéiens , esclaves et miséreux : découverte qui inonde d'un large rayon de lumière tout le futur.

Ce n'est donc pas en face d'un Empire déchu, réduit en miettes impuissantes, que se trouve le Franc, envahisseur de la Gaule, mais bien en face d'une Eglise robuste et toute-puissante, héritière du nom et de l'esprit romains.

On sait ce qui résulta du contact. L'Eglise douée déjà de la prudence et de la perspicacité qui feront sa force à travers les siècles, bien loin de se montrer brutalement hostile au vainqueur barbare et païen, le flatte et le favorise. C'est fortifié par les sympathies et les complicités épiscopales que le Germain conquiert la Gaule sur les Wisigoths et les Burgondes hérétiques. Finalement le vainqueur se convertit et s'agenouille devant le représentant du pouvoir spirituel. Le romanisme triomphe encore une fois. Les nouveaux venus sont enlacés à leur tour par le passé et par la tradition.

Voilà pourquoi le baptême de Clovis s'avère d'une portée considérable. L'épée germaine aurait pu, semble-t-il, opérer le salut moral de la Gaule — en s'alliant par exemple aux Ariens du Midi — et refouler le romanisme par delà les Alpes et les Pyrénées. Cette poignée d'énergiques et de résolus, à n'en juger que par la rapidité et la facilité de ses victoires, n'était pas incapable d'imposer sa volonté et d'éliminer les héritiers de l'Empire. Mais la naïveté franque se laissa prendre à l'astuce cléricale, l'ingénu fut conquis par le civilisé; l'homme d'action fut la dupe du rhéteur ensoutané. Et le *Gesta Dei per Francos* s'inaugure.

Pour légitimer aux yeux de tous sa conquête — tellement est puissant encore le prestige de l'Empire englouti — le roi des Francs se fait nommer, par l'empereur d'Orient, consul et patrice des Romains. Ce titre achève de latiniser les conquérants, d'en faire les soldats officiels de la « cause » romaine en même temps que les soldats du dieu romain entre tous. Les fondateurs de « l'unité du territoire en Gaule » et de « l'unité de la dynastie qui y régnait », c'est à dire les procréateurs de la nation française — née, pour ainsi parler, de l'engrossement de la Gallo-Romanie par le Franc — sont élevés sur les genoux de l'Eglise et bercés par elle jusqu'à l'énervement et l'impuissance, à tel point que la postérité de Clovis s'achève dans le coma.

Ce triptyque résumerait assez nettement l'effet direct et rapide de l'initiation des conquérants germains aux beautés du romanisme : à gauche, l'entrée en Gaule des Barbares, farouches et droits; au centre, le chef de bandes Clovis, agenouillé devant l'évêque de Reims, et, occupant le dernier volet, les célèbres « Enervés de Jumièges ».....

Ce qu'avaient apporté de sève barbare, de primitive énergie, d'assurance de force pour le futur les nouveaux conquérants, se dissout donc aux caresses ecclésiastiques. Non seulement le romanisme n'a pas plié sous eux, mais ils contribuent à en décupler la puissance. L'épée franque ne fait que l'enraciner plus profondément encore dans le sol et dans les âmes. Les Mérovingiens sont, comme on l'a dit, de « vrais princes romains » ; c'est l'*imperium* qu'ils exercent, sans contrôle possible de la part de la nation, c'est de Romains qu'ils s'entourent et dont ils subissent l'influence, et c'est dans les cadres de la société romaine que s'organise et se développe le jeune État.

Et plus tard, sous la dynastie carolingienne, en dépit de la victoire de l'Austrasie et de certaines apparences contradictoires, c'est toujours la tradition romaine qui continue à prédominer et la même atmosphère latine que l'une après l'autre viennent inconsciemment respirer les générations. Qu'est Charlemagne lui-même, le Franc, le Barbare d'apparence, le Germain de costume et de langage, sinon l'apôtre du latinisme ? Et l'empire d'Occident, qu'il ressuscite pour un instant, n'est-il pas la dernière grande manifestation politique du romanisme —(l'avant-dernière, si Napoléon, ainsi que nous le verrons plus tard, peut être considéré comme le dernier grand champion de l'idée latine dans le monde) ?

C'est ainsi que la nation française fait son entrée dans le monde et qu'elle apparaît dans l histoire : sous des traits romains, portant en elle l'esprit romain, parlant la langue romaine, et invariablement maintenue dans la voie du romanisme par l'Eglise qui s'est constituée son alliée indissoluble, à la fois sa protectrice et sa protégée.

Telles furent les conséquences infinies de cette substitution de l'Eglise à l'Empire, de ce phéno-mène palingénésique que l'on ne saurait signaler avec trop d'insistance. Ou plutôt, tel fut le résultat lointain de la romanisation de la Gaule ; et la remarque qui s'impose ici est comme la substance même de ce chapitre :

C'est par le moyen de Rome et du latin que l'Eglise a d'abord assuré, puis élargi son influence.

C'est parmi les peuples sujets de l'Empire qu'elle s'est implantée tout d'abord et qu'elle a pris racine le plus fortement.

Rome catholique a premièrement et surtout envahi spirituellement les territoires que Rome impériale avait matériellement conquis.

C'est sur les Barbares antérieurement an-

nexés et latinisés, dépossédés de leur personnalité, de leur énergie ethnique, que les conversions ont eu le plus de prise.

Un seul exemple suffit à démontrer combien la romanisation et la christianisation furent corrélatifs. Parmi toutes les provinces impériales, c'est la Gaule qui, nous l'avons vu, se romanisa le plus rapidement et le plus profondément. Or c'est dans le monde gallo-romain que le christianisme remporte le plus de succès. La Gaule latinisée à fond, complètement dépersonnalisée, reçoit avec enthousiasme la foi nouvelle, comme si elle y était préparée. Elle accepte aussi avidement le romanisme religieux que naguère le romanisme impérial.

Il ne nous semble pas nécessaire d'insister davantage pour montrer de quelle importance peut être, pour l'avenir même des nations européennes, *le fait d'avoir ou de n'avoir pas une origine romaine, d'être né en dedans ou en dehors de l'Empire.* Il se pourrait que ce fût là le fait *dominant* leur existence entière.

Pour la France, c'est donc le romanisme, impérial d'abord, puis ecclésiastique, qui est à la base de sa vie nationale, qui en est comme la source. Elle n'a cessé d'appartenir à l'Empire que pour passer sous la domination de l'Eglise. Elle n'a été libérée d'une première tutelle que pour en subir une seconde. Elle est née, elle s'est constituée, elle a grandi sous l'égide du romanisme. Jamais elle n'a pu se soustraire à cette tyrannie de la toute-puissante influence du dehors. Jamais la nation n'a été véritablement et simplement *elle-même*.

L'AUTRE MONDE

Si nous sortons des cadres de l'Empire romain, en franchissant le *limes* fatidique, le spectacle offert nous frappe par son absolue dissem-
blance.

C'est alors que l'opposition entre les deux
mondes du Nord et du Sud apparaît d'une manière éclatante.

Nous sommes chez les Barbares, plongés dans
une autre atmosphère. Il semble qu'au sortir
d'une chambre à l'air vicié on respire tout à coup
au grand air libre. Ici il n'y a ni raffinement de
mœurs, ni épanouissement de culture intellectuelle, ni souplesse, ni délicatesse, ni élégance.
C'est le domaine de la force sauvage, illimitée.
La vigueur physique, la toute-puissance des individualités, l'outrancière volonté, le farouche
instinct primitif de vie, l'exubérance de santé et
de brutalité, cette vigueur d'âme, d'instinct, de
caractère, que Tacite nota respectueusement, y
dominent. C'est le champ ouvert au libre fauve,
au pur, instinctif, personnel animal humain en

proie à son désir et à sa faim. Tout y est pur et grand, comme là où la nature se maintient prépondérante. La rhétorique perd ici sa puissance. Les faits, non les mots, y forment la trame de l'existence, et les faits sous la forme la moins atténuée.

Rome n'a jamais pu enraciner son influence au delà du Danube et du Rhin. Les Germains ont vécu à l'écart de la civilisation antique. Tel est le fait initial et prépondérant.

Combien divergente fut la destinée de ces deux groupes d'humanité, originellement frères, les Gaulois et les Germains ! Les premiers se laissent annexer presque sans résistance et s'annihilent rapidement dans leur incorporation à l'Empire. Les seconds, par leur situation géographique d'abord et aussi par leur farouche résistance réitérée aux maîtres de la terre antique, parviennent à sauvegarder leurs territoires et leurs consciences. On sait combien négatif fut le résultat des diverses expéditions de Rome en Germanie. D'Auguste à Valentinien, pas une fois elle ne réussit à imposer sa domination sur un point quelconque de la vaste terre barbare : ce qu'on appelait « Germanie supérieure et Germanie inférieure » dans l'Empire romain n'était pas la Germanie véritable. Auguste d'ailleurs, soit prudence soit prescience, semble avoir compris que Rome ne devait point tenter la conquête des au-delà du Rhin et du Danube et qu'elle ne parviendrait pas à s'assimiler cet autre monde. Grâce à lui, la politique romaine fut dominée par cette maxime, et les guerres entreprises de ce côté ne furent que des guerres de protection.

Quelque mauvais génie — le génie de la terre germanique, dirait-on — semble méthodiquement ruiner tout ce que les Romains tentent de ce côté. Le terrain est impropre aux germes latins. Drusus et Domitius Ænobarbus parviennent une fois jusqu'au Weser et à l'Elbe en refoulant les indigènes, et ils bâtissent des forts. Le pays parait soumis. Pour assurer et fixer la conquête, on expédie de Rome une armée de légistes et un proconsul, Varus, pour prendre le commandement de la nouvelle province. Et c'est alors le désastre légendaire dont Auguste hurla de désespoir pendant des nuits. Bructères, Chérusques et Sicambres, à la voix d'Hermann, se soulèvent, égorgent les légionnaires, crèvent les yeux des légistes et leur arrachent la langue, cette langue instrument subtil et captieux de romanisation. Le Barbare nordique refuse obstinément de s'asseoir au banquet latin. Ce qui montre mieux encore l'impossibilité pour le Romain de s'acclimater dans le Nord germanique, c'est que, victorieux même, il ne parvient à rien de stable. Ainsi Germanicus venge, dans les champs d'Idistavisus, le massacre des légions de

Varus dans la forêt de Teutberg. Victoire stérile s'il en fut : les soldats de l'Empire battent en retraite et se rembarquent. Sous Tibère, les Frisons, fatigués de payer le tribut, chassent ou mettent en croix les officiers romains et infligent une défaite aux troupes impériales. Par Civilis les Bataves s'affranchissent. Egalement stériles au point de vue de l'annexion, les expéditions de Marc-Aurèle contre les Marcomans au delà du Danube. Les victoires de Probus qui pénètre jusqu'à l'Elbe et au Necker n'ont pour résultat que l'érection d'une muraille de protection unissant le Danube au Rhin. Enfin Julien et Valentinien, en dépit de leurs succès, ne peuvent qu'élever des forteresses sur le Rhin. C'est la lutte incessante et toujours inutile.

En fin de compte, après tant de campagnes dures et meurtrières, l'hégémonie romaine n'a pu s'établir d'une manière fixe sur un point quelconque du territoire germanique. Les Barbares n'ont pas cessé d'être des Barbares : les séductions du romanisme se sont heurtées à la barrière de leur farouche instinct ethnique. Et ce sont eux finalement les vainqueurs, puisque c'est sous leur poussée que s'écroule le colosse décrépit et gâteux. Alors qu'un seul homme, en cinq campagnes, a complètement et pour toujours réduit la Gaule, une douzaine au moins de généraux et des expéditions répétées au cours de plusieurs siècles n'ont obtenu en Germanie, comme résultat positif, que le néant.

D'où cette remarque, de lointaine portée, qu'à la fin du monde antique, les peuples situés au delà du Danube et du Rhin *sont demeurés eux-mêmes, hors des atteintes du romanisme.* Ils ne sont ni adultérés ni faussés, ils sont restés droits et purs. Pour comprendre l'énorme importance de ce simple fait, rappelons-nous l'état de la Gaule, province romaine, au quatrième siècle, cette aliénation totale de l'instinct originel, cette absolue transformation interne qu'accusent ses habitants aux derniers temps de l'Empire. Le Gallo-Romain a tout perdu de ce qui constituait son caractère distinctif, ses énergies natives se sont diluées au point d'atteindre à cet état de veulerie et d'aboulie en lequel nous le trouvons plongé lorsque vont naître obscurément les nations modernes. C'est un être dépersonnalisé, abâtardi, artificialisé. Les peuples de la Germanie, en face de ce déclin et de cette flétrissure, sont une aurore et un germe. Tels deux frères, à leur entrée dans la vie consciente, dont l'un serait demeuré au pays, simple, robuste et sain, tandis que l'autre aurait subi l'influence anémiante et flétrissante d'une mauvaise éducation urbaine, faussant ses instincts et paralysant ses énergies : le premier brutal et normal, le second affaibli et falsifié.

Cette violente divergence éclate lorsque dispa-

rait à l'horizon, pour ne plus reparaître, le soleil du monde antique. Mais l'unification va se
produire fatalement — dira-t-on — par l'acceptation volontaire ou contrainte du christianisme.
Les Barbares, qu'ils le veuillent ou non, vont bien
être forcés, un siècle ou l'autre, d'accepter, sous
la forme chrétienne, l'héritage antique, de se ro-
maniser par conséquent.

Oui, certes, le christianisme finalement a fait
pénétrer les Barbares dans le cercle de la civilisation antique : mais encore faut-il rappeler
quand et *comment* cette finale « unification »
s'est produite. Et, d'autant mieux, en expliquant
cette métamorphose, nous apparaîtra la différence de nature entre l'Europe méridionale, romanisée, et l'Europe septentrionale, demeurée
en son individualisme ethnique.

Plus haut nous disions combien rapidement et
fortement le Gallo-Romain s'était christianisé,
avec autant de facilité et d'empressement que son
ancêtre le Gaulois s'était naguère romanisé. Or,
en pays germain, la foi nouvelle ne pénétra que
fort tard — première différence. Comme il s'était
tenu à l'écart de Rome impériale, pareillement le
Barbare demeure, pour les mêmes motifs, en
dehors du cercle d'influence de l'Eglise. Ainsi le
maintien de l'individualité ethnique et le maintien du paganisme se prouvent également corrélatifs.

C'est lentement et péniblement que se christianisent les contrées germaniques. Les Anglo-Saxons et les Germains de l'Ouest et du Sud ne se convertissent qu'au septième siècle. Les prédications de Boniface sont du huitième siècle. Encore fallut-il les dix-huit expéditions de Charlemagne contre les Saxons, ce qui retarda jusqu'au début du neuvième siècle l'entrée des Germains septentrionaux dans la communion chrétienne. Les pays scandinaves persistent jusqu'au douzième siècle dans la foi ancestrale. Quant aux habitants de l'Allemagne orientale, ils accueillent à coups de flèches, jusqu'au onzième siècle, les missionnaires romains. Au début du treizième siècle, certaines parties de la future Prusse se christianisent. Mais une révolte formidable de l'instinct barbare noie et emporte ces îlots de romanisme. Une croisade est impuissante à imposer l'Evangile, et Odin triomphe dans le sang des « Chevaliers du Christ ». Ce n'est qu'à la fin du treizième siècle, après cinquante-trois années de luttes, qu'est parachevée la conversion du pays. Sur le monde barbare, l'influence chrétienne s'est donc exercée beaucoup plus tard que sur le monde romain.

Vainqueur donc, le christianisme le fut finalement dans le monde septentrional. Il faut maintenant marquer à quel niveau il s'implanta. Au fond, la Germanie christianisée demeura païenne à demi. Tout en acceptant loyalement, par consentement ou contrainte, la religion de pitié et d'espoir versé aux humbles, tout en laissant s'effacer en lui les traditions odiniques, le Barbare n'a abdiqué ni son instinct ni son caractère. L'âme ancienne est demeurée en lui, renouvelée, évoluée et non abîmée, dissoute, comme ailleurs. Il n'a reçu qu'une empreinte et non subi un écrasement. Sous l'apparence nouvelle, ses qualités originelles ont pu s'atténuer, se dissimuler, sommeiller, sans pour cela disparaître. Il n'a pris, en somme, au christianisme que ses avantages — la nécessaire fin d'un régime de sang, l'indispensable initiation à une vie sociale plus large — sans subir, comme l'homme du Midi, sa puissance de dévirilisation et de dissolution. L'individu, la race n'ont pas été entamés : ce ne fut en rien cette prise de possession totale — fatale aux peuples affaiblis et anémiés — qui se prouva en Gaule, en Italie, en Espagne.

De sorte qu'en entrant dans la communauté de l'Europe, en abordant les temps modernes sous le pavillon de l'Eglise, les contrées nouvelles ne persistaient pas moins à demeurer intérieurement à part, *en dehors.* Jamais le christianisme n'a eu la même signification chez les Germains que chez les Latins. Le *limes* démantelé et désormais inutile, n'en subsiste pas moins dans le monde invisible des consciences.

Des figures telles qu'Hermann et Witikind —

et plus tard Luther — sont éminemment représentatives de ce fort individualisme, rebelle à l'absorption, de la race germanique.

On sait de quelle gloire, en pays germanique, s'auréola le front d'Hermann, le « Guerrier », le « Germain » par excellence, pour avoir repoussé à jamais la civilisation antique. Cette gloire, qui en méconnaîtrait la signification ? Quelques traits qu'ait ajoutés la légende à la réalité du héros barbare, sa victoire apparaît d'une portée profonde. Cet homme est grand comme emblème germanique : il est représentatif, comme l'est Vercingétorix, le Gaulois vaincu. Il signifie l'opiniâtre volonté du Germain de rester lui-même, de se vouloir un primitif dans sa forêt plutôt qu'un citoyen romain, élégant mais corrompu et aliéné (au sens étymologique). C'est pourquoi nous comprenons le solennel éloge de Tacite, comme sa glorification par Hutten et l'hymne ému de Klopstock. On a fait un crime au Chérusque libérateur de s'être montré traître envers Rome qui lui avait confié un commandement militaire. Il nous semble qu'il n'y eut là qu'une reprise de soi, une fidélité à l'appel réentendu de la race et de l'instinct, après qu'il se fut laissé naïvement séduire par la faconde romaine. En Hermann, la Germanie, surprise et peut-être hésitante, reprend conscience d'elle-même. Alors que la Gaule vaincue accepte passivement son absorption en la cité romaine, la Germanie, se rattachant aux ancêtres, grâce à lui, affirme sa fidélité à l'esprit ethnique.

Que la même résistance ait pu se reproduire huit siècles plus tard, non plus cette fois contre le Romain, mais contre le Franc, son successeur, devenu à son tour un instrument de christianisation, cela indique à quelle profondeur s'enracine, chez le Germain, le besoin d'indépendance matérielle et spirituelle. A ce point de vue, les campagnes fameuses de Charlemagne contre les Saxons sont un des plus frappants épisodes de la lutte entre les deux « mondes ». Vaincus et convertis, les Saxons conservent quand même leur indépendance de caractère et leur génie. Dans leur conscience, il est un centre de résistance muette que rien ne peut entamer. Pense-t-on que s'ils eussent été réduits naguère en provinciaux romains, l'instinct d'une si farouche résistance au dogme chrétien leur fût demeuré ? Witikind se rattache à Hermann, comme Luther, huit siècles plus tard, se rattachera aux deux. Lorsque les Francs pénétrèrent au cœur du pays saxon, à la poursuite des Barbares, ils trouvèrent au fond d'une forêt, dressée comme en un sanctuaire, la statue d'Hermann, le héros germain presque divinisé. Qui se fût avisé, en Gaule, d'adorer publiquement tel héros de la résistance celtique ? Le sentiment eût été jugé incompréhensible ou de mauvais goût. Ici c'est à César seul qu'on élève des statues.

Peu à peu, à travers le moyen âge, la « barbarie » a donc disparu de la moitié occidentale de l'Europe. La civilisation chrétienne a tout envahi. Mais parce que le Barbare n'avait pas annihilé ses énergies au contact de Rome comme le Gaulois, l'acceptation du christianisme n'était pour lui qu'un apport plutôt extérieur, une modification superficielle, laissant subsister aux régions intimes de son être, sa personnalité, son génie, sa vertu. Le Germain non flétri dès le début par la communion avec Rome décadente est demeuré lui-même, au sein du christianisme. Durant le moyen âge « la race germaine, écrit Chasles, restait malgré son sommeil apparent, forte et originale..... Le sang germain garde sa force et sa pureté. »

L'Allemand, l'Anglais, le Néerlandais, le Scandinave, le Suisse modernes, fils d'hommes qui ont pu ou su préserver leur individualité, leur originalité ethnique, ont conservé, par delà les innombrables vicissitudes historiques, les nécessaires liens intimes avec le Germain, le Saxon, le Batave, le Goth, l'Helvète primitifs, *ces liens qui constituent la ressource d'énergie d'une nation, la force intime d'un peuple, sa possibilité de subsister et de progresser*. A la base de leur existence nationale il n'y a pas la dénaturation interne subie par le Gaulois ainsi que par les autres provinciaux de l'Empire, sombrés dans le romanisme. Voilà pourquoi ils possèdent un élément de santé et de vigueur qui nous manque et que ne remplacent pas nos qualités plus subtiles et plus brillantes, malheureusement corticales.

C'est ainsi qu'à travers la communauté chrétienne du moyen âge, qui apparaît, à première vue, comme le triomphe universel du romanisme, se perpétuait l'antique subdivision, et que, sous le converti d'hier, une individualité puissante, une énergie de fond subsistaient, prêtes à se réveiller.

LA RÉSURRECTION DU XVIe SIECLE

Plus tard, à l'aurore des temps modernes proprement dits, cette essentielle dualité d'origine des peuples latins et germaniques s'est clairement manifestée, avec ses conséquences, qui durent encore. C'est alors qu'apparaissent, dans toute leur réalité, la dénaturation subie par les premiers, la survivance de l'individualité ethnique des seconds. L'apparente fusion du barbare et du romain, opérée durant le moyen âge au sein du christianisme, se dénoue, au XVIe siècle, en un divorce radical et violent. En cette lutte nouvelle, le barbare réapparaît sous le nom de protestant.

La Réforme — qui a été, pourrait-on dire, comme le second baptême des peuples occidentaux après le christianisme, a psychologiquement relevé le *limes* antique — cet immense retranchement qui séparait l'Empire romain des Barbares du Nord — et prouvé que, par delà les siècles, les circonstances initiales continuaient à régir le destin des deux mondes. Entre l'état de subordination ou d'indépendance des peuples européens vis-à-vis de Rome antique, et leur refus ou leur adoption de la Réforme, il est une relation qui est patente, comme nous l'observions au seuil de cette étude. La Réforme éclaire l'histoire des origines nationales latines et germaniques, qui, à son tour, donne la clef de la Réforme. Luther explique Arminius, qui le justifie. Et tous deux expliquent le monde contemporain. Ne pas saisir ces corrélations, c'est mécomprendre à la fois le sens de la Réforme et sa portée quant au présent.

C'est pourquoi le rappel de la façon dont se comportèrent, à la révolution religieuse du xvie siècle, les nations du Nord et du Midi est l'indispensable complément de notre commentaire sur leurs origines, aux précédents chapitres. Il nous faut établir les concordances. Il est nécessaire que nos observations contemporaines se fondent sur le bloc entier de l'histoire européenne.

D'abord l'exemple français.

A deux occasions solennelles la France s'est efforcée de vaincre le destin que lui imposa l'initiale conquête romaine. A deux reprises elle a tenté de s'affranchir, pour devenir vraiment elle-même : la première fois avec hésitation et mollesse, la seconde, en déployant une énergie sauvage, bien que momentanée. Et, par deux fois, elle a échoué dans son dessein.

Ces deux tentatives d'affranchissement se nomment dans l'histoire la Réforme et la Révolution.

Nous n'avons pas ici à retracer les deux grandes crises, entre toutes significatives, qui demeurent présentes, dans leurs grandes lignes du moins, à l'esprit de tous. Il nous suffira de montrer par quels liens étroits la Réforme et la Révolution se rattachent aux circonstances mêmes de nos origines nationales et comment la romanisation initiale des peuplades gauloises a pu influer sur l'issue de nos deux grandes tentatives de libération.

Rappelons notre constatation du début : la quasi-coïncidence géographique du monde romain et du monde catholique d'une part, du monde barbare et du monde réformé d'autre part. Il y a, disions-nous, un « pourquoi » à la solution donnée par la France au problème religieux et politique, à notre impossibilité d'évolution franche et radicale. Et cette cause première il faut la chercher dans nos origines en tant que nation. L'étude des événements de notre naissance peut seule illuminer notre singulière histoire.

Or, c'est maintenant que peuvent clairement nous apparaître les raisons profondes de cette double et révélatrice similitude.

Qu'est-ce que la Réforme ? Un retour aux traditions de la primitive Eglise, une rénovation de

la pensée religieuse : cela sans doute. Mais aussi,
— et surtout peut-être — une libération de
l'étreinte du romanisme, un affranchissement de
l'esprit indigène et national, à l'occasion d'une
purification de la foi. Une renaissance soudaine
de l'esprit des nationalités vivaces, un redresse-
ment des peuples incomplètement adultérés et
faussés dans leur conscience. Des témoignages
de tous ordres justifient cette appréciation du
grand fait du xvi° siècle. Alors le parti papiste représentait en tous lieux l'esprit anti-
national — en France, par exemple, où il était sy-
nonyme d'intrusion espagnole, italienne, autri-
chienne — tandis que le parti réformé s'avérait,
au contraire, l'élément *intimement national*, la
survivance (bien faible, hélas !) de l'instinct
ethnique, le restant d'énergie et d'originalité de
la patrie. Vérité qu'exprime le mot si caractéristique de Michelet, qualifiant les Réformés « les
meilleurs Français de France ». Partout l'adoption de la Réforme correspondit à un réveil des
nationalités en torpeur, à une reprise de conscience des cités modernes dont sommeillaient les
énergies.

Or la Réforme, trop faiblement soutenue en
France par une trop faible minorité, échoue.
Pourquoi ? On l'entrevoit aisément d'après ce qui
précède.....

Le peuple français, romanisé à fond dès son

début historique, dénaturé par son inféodation à l'Empire, maintenu par l'Eglise dans la voie du romanisme, n'eut plus, en réalité, assez de sève et de vigueur originelle pour s'affranchir. La nation, par l'entremise d'une poignée de *survivants* héroïques, chercha désespérément à redevenir elle-même, à secouer le joug fatal..... Mais l'entreprise était au-dessus des forces humaines. Le passé était trop lourd, la tradition trop enracinée. Rome antique avait trop profondément marqué de son empreinte ce peuple pour que Rome spirituelle pût y être vaincue. Ce coin de terre n'était plus maître de ses destinées. La soumission était trop ancrée héréditairement dans les consciences, trop intimement liée aux fibres de ces populations pour en être arrachée..... Où éclaterait plus visiblement qu'en cette lamentable impuissance la preuve d'une tare originelle ? Combien éloquent dans sa poignante simplicité cet avortement de la révolution religieuse ! Comme il dénonce clairement l'initiale dévirilisation de la race !

Telle est, à notre sens, la raison véritable du rejet de la Réforme par les peuples latins.

Seule, la plus qu'étrange façon dont l'immense majorité française considéra — et considère encore aujourd'hui — la Réforme et ses partisans, la petite troupe des insurgés contre le César spirituel du Vatican, serait de nature à déceler l'adultération subie aux origines, la tare de nos cerveaux et de nos consciences, la sophistication qu'imposèrent l'Empire et l'Eglise. Au temps de la Réforme, le sophisme déborde et coule à pleins bords. Le but réel des Réformés étant de libérer la conscience nationale en rejetant le romanisme, c'est précisément eux qu'on accuse d'anti-nationalisme et de traîtrise : tandis que leurs adversaires, tenants de Rome, c'est à dire du maintien de la servitude mentale et morale, s'intitulent les champions de l'esprit national ! Jugement auquel d'ailleurs notre histoire courante a rigoureusement souscrit. Tel est le merveilleux prodige de sophisme auquel semblent avoir collaboré le rhéteur antique et le disciple de Loyola.

La diversité d'accueil témoigné à la révolution religieuse correspond, suivant une formule déjà énoncée, au degré d'originalité ethnique et d'énergie de race demeurées au fond de chaque peuple. L'insuccès de la Réforme chez les peuples latins n'est donc que la simple conséquence — et le témoignage aussi — de la diminution de leur personnalité subie du fait de la conquête, de l'atrophie de leurs primitives énergies sous l'hégémonie romaine. C'est ainsi que l'échec de la Réforme, ailleurs dénoncé par nous comme la cause profonde de l'infériorité française et résultant lui-même des circonstances de nos origines historiques, est à la fois effet et cause (1).

(1) Cf. *A quoi tient l'infériorité française* (Un vol. in-12 ; Fischbacher, 1900).

Et la postérieure Révolution, qu'est-elle ? Nous l'avons qualifiée : la seconde tentative de renouvellement national opérée par les peuples qui étaient demeurés, par l'avortement de la Réforme, en proie au romanisme. L'effort du xvɪᵉ siècle n'ayant pas abouti, l'impérieux besoin de vivre et de progresser contraignait la France à essayer, encore une fois, de rompre les liens qui l'attachaient au passé.

Cette fois, l'effort est furieux, l'entreprise de courte durée, mais intense, conduite avec une passion forcenée. C'est un torrent qui mugit, près de tout emporter. Le monde regarde avec stupeur. Il paraît alors que la France, en une heure de clairvoyance aiguë et d'élan effréné, veuille venger les défaites antérieures et consommer radicalement sa délivrance. L'instant est tragique. C'est contre la bastille du pouvoir absolu — cet héritage de l'*imperium* antique — et aussi contre le romanisme catholique, resté debout après les luttes du xvɪᵉ siècle, que s'est dressée la nation dans une tentative qui est bien la forme finale et synthétique qu'a prise son obscur désir, devenu soudain conscient, d'être enfin elle-même.

Et la Révolution échoue, comme la Réforme. Elle dévie, se perd, avorte, n'aboutissant qu'à la réintronisation de tout ce qui *devait* à jamais être balayé. En dépit des héroïsmes, des victoires prodigieuses, de la plus colossale activité qu'il soit possible de concevoir, elle montre peu de puissance dans les réalisations, de continuité dans l'énergie, d'intelligence méthodique. Les mots ne parviennent pas à s'incarner dans les faits, les formules demeurent splendides et stériles. La volonté — peut-être mal conduite et insuffisamment clairvoyante — n'a pu vaincre le destin. La besogne nécessaire — en admettant qu'elle fût possible, ce qui n'est pas sûr, à voir son énormité — n'a pas été accomplie.

Que peut signifier cette défaite éclatante ? Quelle peut être la raison mystérieuse de cet extraordinaire échec ? Comment est-il humainement possible qu'un aussi formidable effort n'ait abouti qu'à un semblable résultat ? Car l'avortement de la Révolution est bien plus surprenant encore que celui de la Réforme. Ce n'est pas par un pur hasard, par suite d'erreurs de détail ni pour des raisons infimes qu'a sombré une entreprise de cette envergure, si impitoyablement menée. Il faut bien admettre des causes proportionnées à l'énormité de cette faillite. Pour nous, cette défaite ne signifie rien, si elle n'est pas l'aboutissement lointain de raisons profondes lointainement enracinées. Nous reconnaissons ici, comme au XVIᵉ siècle, la tardive mais logique conséquence de l'usure primitive de la race, de sa dénaturation, de sa perte d'énergie de fond. Nous découvrons au passage l'existence d'une raison *essentielle* à cette impossibilité endémique de renouvellement, à cette impuissance permanente de la France, incapable de se libérer de son passé, de venir à bout de son destin d'asservissement moral. Si, passée l'énorme crise, la nation est instinctivement ramenée dans les voies anciennes de servitude, c'est qu'en réalité les forces lui manquent pour incarner son rêve passager, pour matérialiser son désir éphémère, c'est qu'elle n'a pas en elle-même, dans les parties profondes et secrètes de la conscience, des ressources suffisantes, en énergie de race, en vigueur d'origine, pour vaincre quand même et à tout prix.

C'est en de telles minutes solennelles et décisives, que s'aperçoit le tréfonds de la conscience d'un peuple et qu'on peut apprécier sa valeur intime et vraie. La tumultueuse aventure de la Révolution, éminemment révélatrice à cet égard, démontre au grand jour et d'une façon définitive que le peuple français a subi, dès la première enfance, une sorte de castration morale. Elle dévoile le secret du néant des multiples efforts accomplis par les peuples latins en vue de leur affranchissement : c'est qu'ils sont nés avec l'empreinte d'un « péché originel » d'une tout autre réalité que la pseudo-flétrissure désignée sous ce nom dans la mythologie chrétienne, c'est que la perte originelle de leur personnalité ethnique au sein du romanisme, et leur vieillesse

précoce, ont enfanté pour eux cette amère conséquence : l'impossibilité, à travers les âges,
d'échapper au destin forgé par les ancêtres, l'incapacité de se réformer.

*   *

Si l'on peut dire, malgré la spécieuse artificialité de ce jugement, que la Réforme *devait* échouer
chez les peuples latins, on peut dire aussi que,
pour une raison identique et inverse, elle *devait*
triompher chez les peuples germaniques. Il est
absolument normal que ceux-ci, demeurés sains
et originaux sous le vernis romain, aient brisé
leurs entraves spirituelles alors que ceux-là,
appauvris et adultérés à fond, s'épuisaient de
siècle en siècle en efforts vains.

Sans nous perdre ici en d'inopportunes digres-
sions sur la Réforme allemande, il n'est pas sans
utilité toutefois pour éclairer, par contraste, nos
propres origines latines, d'en signaler le véritable
caractère trop souvent mécompris. Le second
panneau du diptyque est essentiel à la compréhension du premier.

L'opinion de l'Italie papiste, à l'époque de la
Renaissance, sur l'Allemagne et les peuples du
Nord, est significative dans sa naïve fatuité. « Ce

sont des barbares... » affirmait-on avec un dédaigneux sourire dans l'entourage du vice-dieu
romain. Opinion traditionnelle et pieusement
conservée d'ailleurs, chez les peuples latins, qui
ont toujours inscrit, en tête de leur *credo*, le
dogme de leur permanente, inscrutable et indélébile supériorité. On sait que de nos jours un pur
« Latin » se doit à sa race et à lui-même de considérer — intérieurement tout au moins, et alors
même que par courtoisie, intérêt ou dilettantisme,
son langage trahirait son intime pensée — comme
inférieur et grossier tout ce qui n'est pas directement sorti de l'antiquité gréco-latine. Et, à bien
voir, les cardinaux dilettantes de la Renaissance,
en décernant l'épithète de « barbares » à des
peuples auxquels le bonheur d'être vaincus et civilisés par Rome n'était pas échu, n'avaient pas
tort : à la seule condition d'interpréter cette qualifi-
cation et d'y voir tout autre chose qu'un terme de
mépris. Oui, certes, les chrétiens du Nord étaient
demeurés en quelque sorte des barbares, en dépit
de leur tardive et partielle acceptation de la civilisation à base romaine, c'est à dire des êtres
naïfs et entiers, primitifs et originaux, proches de
la nature, aux épaules libres du poids des siècles
de culture et de raffinement, l'esprit et le cœur à
l'abri du sophisme et de la corruption, soustraits
par leur persistante rusticité aux périls du contact
méridional.

* *

Ce jugement du perspicace Chasles me semble exprimer ce que fut, en son caractère réel et profond, la Réforme allemande, — que l'on s'habitue trop à considérer uniquement sous son aspect théologique, plutôt secondaire : « Luther a été terrible et puissant, non pas en qualité de théologien, d'orateur, de penseur, mais *comme organe germanique* et comme symbole énergique et victorieux de l'indépendance du Nord, toujours irritée contre Rome. » En aucune occasion ne s'est prouvé, plus clairement qu'au temps de la révolution religieuse du xvi° siècle, combien vivace s'était maintenu, nonobstant l'influence chrétienne, l'esprit ethnique des peuples germaniques, et de quelle énergie de personnalité était demeuré pourvu l'ancien barbare converti. L'âme de la Germanie ancienne était restée vivante sous l'enveloppe orthodoxe. Le christianisme, bien que loyalement accepté, avait recouvert et non remplacé le sentiment de la race. Et le réveil de ce sentiment, le besoin à nouveau surgi d'indépendance et de personnalité se concentrent, à propos de la révolution religieuse, dans la Réforme du xvi° siècle. « Luther — c'est le même écrivain qui parle — est le symbole populaire de la liberté germanique..... A la voix de Luther, la consécration antique tombe en poudre ; les esprits s'éveillent pour fournir une *nouvelle carrière*..... Rome, cette Rome toujours exécrée

des Saxons, cette Rome au nom de laquelle
Charlemagne les a écrasés et étouffés dans leur
sang, est abjurée par eux. » Pour Quinet, la voix
de Luther c'est « la *nature* du vieux Germain
qui se réveille » et qui pousse « l'ancien cri de
guerre des Barbares ».

Quand le pauvre moine d'Eisenach fait entendre sa protestation contre le Saint-Siège, il ne
fait que continuer, sans le savoir peut-être, une
lignée d'illustres protestataires. Les ancêtres
s'expriment par son verbe. Sans que s'en doute
l'humble théologien, il incarne à ce moment le
séculaire sentiment germanique. Il est le porte-
parole du Nord. La même force qui s'agite
en lui, traduite en paroles retentissantes, avait
naguère animé le bras d'Hermann, d'Alaric, de
Witikind. Il s'appuie inconsciemment sur ce
sentiment permanent de l'âme septentrionale :
la résistance à l'absorption, le besoin d'individualité.

Sur quoi s'appuierait un Luther en pays latin,
où l'instinct d'individualité réelle et d'indépendance intime est enseveli depuis vingt siècles,
où les énergies de la race se sont dissoutes avant
même que se constitue un embryon d'organisme
national ? Sur quel sentiment autre que la fidélité au romanisme ? Sur quel instinct ethnique à
jamais enseveli ? Quelle *nature* pourrait se réveiller chez des peuples qui se sont, dès les

origines, détournés de la nature et d'eux-mêmes ?

La vérité c'est que la Réforme a été pour l'Allemagne, en même temps qu'une réforme religieuse, une sorte de *résurrection de la race allemande, du sentiment et de l'esprit allemands.*

Plus largement peut-être que Luther, bien qu'avec moins d'éclat, un homme incarne, au XVIe siècle, cette aspiration profonde de l'Allemagne vers une existence nouvelle, purifiée de toute suprématie romaine, une de ces extraordinaires figures placées au seuil des temps modernes qu'ils ont prophétisés et rendus possibles: Ulrich de Hutten. D'une telle personnalité, qu'il faudrait pouvoir étudier à loisir, si riche, si pleine, tellement significative, émane une révélation. Celui qui, suivant le mot frappant de Zimmerman, « seul fut plus grand que tous les réformateurs ensemble » avait, de concert avec son ami Franz de Sickingen, conçu le grand dessein de réorganiser matériellement et spirituellement l'Allemagne, de fonder véritablement une Allemagne nouvelle. Et, dans ce but, il voulait l'arracher à l'étreinte du romanisme — représenté par les princes et les évêques, tyrans et flétrisseurs, suppôts d'une idée anti-nationale — et réveiller sa conscience profonde endormie. « Ma nation jadis si grande, disait-il, chantée par les Romains eux-mêmes, et connue par ses hauts faits, est misérablement esclave, man-

quant du pain spirituel aussi bien que du pain
matériel... Les véritables Turcs sont en Italie ;
le Sultan, c'est le pape, et son .armée, c'est le
clergé. » L'entreprise de Hutten en elle-même,
qui était d'unir les bourgeois des villes, la petite
noblesse et le peuple contre la féodalité d'esprit
romain, échoua à la vérité : mais le succès de
ses innombrables pamphlets contre Rome et en
faveur de la réforme morale et sociale de l'Allemagne prouve du moins qu'un sentiment correspondait au sien dans les profondeurs de la nation.
Et c'est ce sentiment qui s'épanouit et vainquit
dans la révolution beaucoup plus timide et plus
étroite de Luther.

La Réforme a donc triomphé là où les cœurs
étaient demeurés plus fidèles aux sentiments
originels, où la vieille originalité barbare n'avait
pas été absorbée par la suprématie latine, où une
indépendance intérieure demeurait malgré la
conquête et la conversion, c'est à dire là où elle
correspondait à une aspiration encore vivante ;
comme elle a échoué là où manquait une base
dans les consciences, appauvries et falsifiées.
Il y a vraiment une raison pour laquelle Luther,
Knox, Zwingli, Marnix, parvinrent à enraciner
dans leurs pays la réforme religieuse, et une
raison aussi pourquoi des efforts héroïques n'a-
boutirent qu'à des échecs sur la terre latine.
Et c'est dans la plus ou moins forte survivance

d'originalité barbare, subsistant à travers les siècles dans les veines de la catholicité, qu'il faut les chercher. Là où le terrain était riche et l'air sain, l'idée nouvelle a germé et s'est épanouie largement, tandis que là où elle n'a pu trouver dans le sol même son indispensable nourriture, elle n'a poussé que quelques maigres tiges' vite étiolées. La Réforme a trouvé chez les peuples d'Europe une réceptivité correspondant à leur richesse ethnique. Et il est significatif de noter que c'est précisément le plus « barbare » de tous les peuples demeurés naguère en dehors du cercle d'influence de l'Empire romain, les Saxons, qui a donné le signal de la révolution religieuse.

Le spectacle de la Réforme allemande fait clairement saisir l'avantage essentiel pour un peuple de s'être conservé moralement pur et original. Dans les périodes de crise, un peuple qui a sauvegardé ses énergies, se redresse et se renouvelle, tandis que le peuple adultéré et sophistiqué ne parvient pas à sortir de l'ornière.

Le Français est coutumier, pour mieux affirmer sa prééminence, de se dire, dans le passé, le fils aîné de l'Empire romain, et, plus tard, le fils aîné de l'Eglise. Plus clairvoyant, il se montrerait moins orgueilleux de ce qui fait essentiellement sa faiblesse et donne à craindre pour son ultérieure existence. Car il n'est pas bien sûr que ceux qui furent du passé seront aussi de l'avenir.

C'est en présence de cette étrange inconscience de l'homme qui se vante d'avoir ses racines dans l'antiquité gréco-latine — et qui, pourrait-on dire, se sent fort d'être faible — qu'il est utile et sain d'affirmer la supériorité du « barbare ». Il faut s'être substanté de sophismes, pendant des siècles, comme d'un aliment de vie, pour que soit possible cette foi étrange en la supériorité de l'homme d'antique culture et des vieilles civilisations sur l'homme d'impulsion naturelle et de cerveau fruste, mais ferme dans sa conscience, vigoureux et droit dans sa ligne de vie. Se prévaloir du titre de fils de l'antiquité classique à l'encontre de ceux qui ne datent que d'eux-mêmes, c'est prétendre à la supériorité de la décrépitude sur la jeunesse, ou bien à celle du rejeton atrophié et vicié d'une famille illustre sur l'anonyme et robuste enfant de la plèbe.

Si, en notre naïve infatuation, nous nous témoignons glorieux de notre ancestralité, les peuples qui surent demeurer simples et sains ont droit à bien plus d'orgueil encore — et d'espoir. Car ce sont eux — non pas nous — qui possèdent des motifs réels de se réjouir de leur ascendance et de s'enorgueillir d'être sortis de la barbarie. Il ne doit pas y avoir d'équivoque sur ce mot de « barbarie ». On pressent bien que nous ne prétendons nullement exalter la pure grossièreté, ni la cruauté, ni l'existence de fauve, ni faire du barbare, au sens courant du mot, le pivot de l'humanité. C'est dans toute sa signification de primitivité, d'ingénuité, d'inculture, de fidélité à l'instinct de nature, de santé et d'énergie que nous le comprenons. Nous ne voulons pas non plus défendre la supériorité, en bloc, du barbare sur le civilisé — ce qui, pris au sens absolu, serait absurde. Mais nous disons ceci : Une nation qui est directement sortie de la « barbarie » possède une garantie de force et d'individualité, indispensable pour son existence à venir, tandis qu'une nation qui plonge ses racines dans le raffinement et la culture recèle en elle-même un germe d'anémie et de corruption — un germe de mort, en fin de compte. Il y a infériorité pour le peuple qui naît civilisé, supériorité pour celui qui naît barbare. Celui-ci a conservé toutes ses ressources ethniques, ses énergies de fond ; celui-là s'est artificialisé au contact du raffinement, dévirilisé dans une trop subtile civilisation.

Conserver son originalité et son caractère, son génie, c'est à dire sa nature et sa vertu propres, tel est pour un peuple, comme pour un individu, le mérite essentiel. Il est donc énormément précieux pour les pays germaniques d'avoir conservé à travers le monde antique et le moyen âge leur intime « barbarie », sans avoir été corrompus

dès le berceau par un apport d'antiques traditions, loin de l'atmosphère corruptrice émanée
du monde romain. C'est sur cette permanence
de l'esprit ethnique que se fondent les énergies
nationales. Et c'est ce fondement qui, pour le
malheur séculaire des peuples latins, leur fait
défaut.

Constater que les peuples du Nord ne sont pas,
comme les peuples latins, dénaturés, cela veut
dire au fond qu'ils sont demeurés *beaucoup plus
près de la nature* : et c'est là ce qui fait leur
force aujourd'hui. Nous sentons que ce qui fleurit
là sort directement de la terre, plonge ses racines
dans le sol même, tandis qu'au Midi, l'adultération subie aux origines se témoigne partout.
Alors que nous ployons sous le faix des traditions, ils demeurent plus libres, plus près d'eux-
mêmes, par conséquent de volonté et d'activité
plus fortes. Si le Gallo-Romain a de loin déterminé la nature du Français contemporain, c'est
le « bel animal blond hyperboréen », chanté par
Nietzsche, qui a donné au Germain d'aujourd'hui
ce caractère de primitivité, de santé et de robustesse qui détermine le succès dans la lutte
vitale.

En réhabilitant le « barbare », on encourt,
parmi divers reproches, celui de faire la cynique
apologie de la brute. Quoi de plus naturel et de
plus humain que ce reproche ? Il n'est plus per-

mis maintenant d'affirmer parmi nous l'importance vitale de la force, cette vertu cardinale. Cette idée nous importune ; nous qui, dans les moments où nous possédions nous-mêmes la force, loin de la déprécier, l'exaltions... Ce qui marque assez bien l'étiage de notre sincérité.

LE « PÉCHÉ ORIGINEL »

L'opinion que nous apportons ici, et qui con·
siste à substituer une raison plus profonde, plus
générale et plus originelle à celles, diverses et
infimes, que l'on produit d'ordinaire pour expliquer la mauvaise situation présente des peuples
latins, se résume ainsi : la communauté d'origine psychologique des nations latines est la
nécessaire et suffisante justification de leur
communauté de souffrance actuelle — souffrance
qui va de la ruine absolue pour les unes à la
paralysie pour d'autres.

Lorsqu'on affirme, par exemple, ceci : « Nous,
les membres de la famille latine, que sommes-
nous, sinon les fils spirituels de la Rome des
Césars ? Que sont les diverses cités auxquelles
nous appartenons, sinon des fragments détachés
et transformés de l'Empire romain ? » — on pro·
voque le sourire de l'incrédulité. Qu'importe
cette paternité vieille de vingt siècles, cette
ancestralité quasi-légendaire ? Toute trace de
l'incorporation au monde romain est effacée

depuis que la nation est devenue elle-même, qu'elle a acquis une conscience distincte.

Nous répondons hardiment : erreur totale. Un tel jugement ne peut provenir que de l'ignorance ou de l'inexacte appréciation des faits. Cette paternité, oubliée ou méjugée, a précisément, quant à notre valeur en tant que *peuples contemporains*, une importance positive et fondamentale, puisque c'est dans l'asservissement matériel et moral à l'Empire que s'est diluée l'énergie de nos pères, inconscients artisans, du fond des siècles, de la décadence dont nous sommes les témoins et les victimes. Il n'y a nulle chimère à vouloir expliquer le présent par le passé, même le plus lointain : c'est plus à fond qu'on ne pense qu'il faut chercher les véritables « origines de la France contemporaine ».

Les simples faits cependant ont assez d'éloquence. La romanisation — et par la suite la dénaturation — des peuples voisins du centre de la civilisation antique est loin d'être un mythe ou une fantaisie de philosophe. C'est une réalité patente et qui se prouve.

La dénaturation subie avant qu'aucune des nations latines contemporaines existât, ce fait seul, dans sa nudité et sa simplicité, n'a pas pu ne pas avoir de conséquences foncières pour l'avenir. Chaque nation apporte en naissant un capital d'énergie qui seul lui permettra d'exister en tant que nation et de s'épanouir, qui sera l'invisible réservoir de force où puiseront les générations futures au fur et à mesure de leurs besoins, la base et l'aliment de son existence à travers les âges jusqu'à la dernière minute de son existence. Ce capital peut être accru ou dilapidé, sagement ménagé ou follement dissipé suivant les méthodes d'existence nationale. Or les nations latines sont venues au monde avec un capital d'énergie *minimum* — comme le prouve leur situation morale à la fin de l'Empire — de même que telles autres ont débuté sur la scène du monde avec un capital *maximum* d'énergie.

L'originalité primitive et native d'un peuple est ce qu'il a de plus précieux. Rien ne peut en compenser la perte, ni les plus abondantes assimilations, ni les raffinements de la culture et des mœurs, ni les dons de l'intelligence. Rester soi, pour une nation comme pour un individu, est l'essentielle condition de l'avenir. C'est précisément cette originalité, cet indigénisme, garantie du futur, que le Gaulois, avide de se métamorphoser en parfait Romain des temps impériaux, et que le Franc, après lui, s'empressèrent d'abandonner. Leur dénaturation fut, comme nous l'avons vu, aussi complète qu'il était possible, affectant la vie matérielle, morale et intellectuelle de l'ancien barbare. C'est une véritable émasculation qu'ils ont subie dans les siècles de la décadence romaine, une dévirilisation précoce restreignant leurs capacités et leur fécondité dans l'avenir. Lorsqu'on se résigne à « vivre d'une vie étrangère », à « n'être plus qu'un des membres d'un corps étranger », au moment même où cette vie se dissout, où ce corps se décompose, comment subsisteraient la force ethnique et la pureté d'énergie que l'on doit à la nature et à la race ? Le *Væ victis* n'est pas seulement un mot de rhéteur, un thème à déclamation publique : il exprime, en ce cas, une positive réalité. Cette paix dans la plus douce des sujétions, que le Gallo-Romain chérissait tant, était le dissolvant de ses énergies natives. C'est en la longue assimilation que se consomma la déchéance.

L'empreinte reçue dès le berceau fut indélébile. Quelles qu'aient été les conditions postérieures de leur existence, les peuples latins sont restés les héritiers de la civilisation romaine, du fonds des idées latines, et dans cet héritage il y a un germe de mort. C'est au prix de l'abâtardissement qu'ils ont reçu du vainqueur l'initiation à la haute vie civilisée. Ils n'ont pas eu la peine fortifiante de s'élever d'eux-mêmes, de s'initier progressivement, d'accomplir des efforts personnels. C'est passivement qu'ils ont reçu une civilisation toute faite, une civilisation décadente dont l'afflux les a contaminés. Survint ensuite l'Eglise pour aggraver et perpétuer le mal.

Dans un opuscule, daté de l'exil, tout pénétré d'ardente tristesse et d'ironie supérieure, cet admirable et presque méconnu philosophe de l'histoire que fut Edgar Quinet a merveilleusement mis en relief cette pitoyable inclairvoyance de l'histoire courante, qui s'obstine à ne voir dans la romanisation initiale de la France qu'un motif d'orgueil et de supériorité. Jamais de plus radicale façon qu'en ces pages — où il y a plus de clarté répandue sur notre histoire que dans des bibliothèques entières — ne fut dénoncé le sophisme essentiel dont les cerveaux latins se nourrissent et ne fut plus hardiment promené le flambeau dans les ténèbres de notre inconscience. Nous ne pouvons résister au plaisir de citer ici une page intense de cette *Philosophie de l'Histoire de France*, qui, de toute l'autorité de son auteur, corrobore la signification de la présente étude :

« S'il est des erreurs funestes aux hommes — déclare tout d'abord Quinet — ce sont précisément celles qui ont trait à la suite entière de leurs annales, car ces erreurs pénètrent jusqu'à la moelle des os ; elles tiennent à la substance de notre être... »

C'est ensuite le problème des origines qu'il envisage d'un regard singulièrement lucide, en cinglant de son ironie les mensongers « métaphysiciens » de l'histoire — les historiens qui, de loin ou de près, se rattachent à la méthode de Bossuet :

« Les Gaulois se montrent tout d'abord, et presque aussitôt ils disparaissent ; à peine entrevus, ils nous échappent..... Le plus grand bien qui pût leur arriver était d'être conquis par un peuple étranger. Les Romains leur rendirent ce service ; nos ancêtres, à proprement parler, ne devinrent des hommes qu'en cessant de s'appartenir..... Les anciens mettaient leur gloire à se dire autochtones, nés de la terre qu'ils habitaient ; ils croyaient que *cet esprit natif indigène était le trésor inaliénable de chaque race*. Nous mettons notre honneur à nous faire dès l'origine serfs d'autrui et à dater notre histoire du premier jour de notre esclavage. Nous comptons pour rien dès ce premier moment la perte de *ce qu'il y a de plus intime, de plus sacré dans une famille humaine, langue, religion, tradition des aïeux, noble orgueil de soi-même, et par dessus tout cela indépendance, source de toute vie publique.* Nous nous contentons de dire que si nous n'eussions pas été asservis, nous n'eussions jamais su par nous-mêmes construire des amphithéâtres, des thermes, des aqueducs, sacrifiant ainsi dès le début *l'âme même d'un peuple* à la possession d'avantages purement matériels que nous confondons dès lors et sans retour avec l'idée de civilisation.

» Une race d'hommes s'évanouit, elle perd la conscience de son existence ; nous l'en félicitons, parce que son sol se couvre de routes militaires, de grands édifices, et même de chaires de rhétorique. Un monde entier disparaît, celui de nos ancêtres, *qui pourtant nous manquera à chaque moment de notre histoire* ; nous applaudissons à cette chute parce *qu'elle nous précipite aussitôt, et dès les langes, dans les liens d'une antiquité dégénérée.*

» Loin d'être effrayés de voir notre société se former sur le principe de l'antiquité dégénérée, c'est de quoi nous nous vantons ; si nous avons hérité de ses vices, nous nous croyons d'assez bonne maison. Nous triomphons de nous éveiller à la vie dans le tombeau du Bas-Empire. Dérivant tout de ce tombeau, sacrifiant tout, franchises locales, municipales, provinciales, noblesse, tiers-état, peuple, c'est ainsi que nous entraînons de génération en génération la société française vers un idéal byzantin, *comme un corps vivant qu'on lie à un cadavre ;* et dans notre idolâtrie pour une antiquité morne et difforme, nous croyons approcher de la liberté moderne à mesure qu'elle s'éloigne davantage.....

» ..... Comme si la liberté n'était qu'une superfétation étrangère, parasite, qui à un moment donné et par hasard s'ajoute au corps social ! Comme si ce n'était pas l'âme même des peuples destinés à être libres, la sève de l'arbre ! Comme si enfin il était aisé de la faire renaître quand on l'a extirpée, même avec les meilleures intentions du monde !...

» Qu'était-ce que cette horreur dont la nation française fut saisie contre la Réforme ? Un reste de soumission à la conquête romaine. Dans l'impossibilité de s'affranchir de Rome, je sens une nation rivée encore après seize siècles au dur anneau de Jules César ; elle a pris goût à sa chaîne. L'obéissance qui n'était d'abord que matérielle, est désormais volontaire ; c'est maintenant *le fond de l'homme qui est vaincu ;* ce ne sont plus seulement les mains, *c'est l'esprit qui est lié.* Aussi, dominée par cette tradition de dépendance, la tête courbée sous le Capitole, quand il fut question d'émanciper la France, il se trouva qu'elle regardait le servage de l'âme comme son patrimoine sacré ; elle agit *comme une province romaine qui se rattache au tronc ;* et tous ceux qui voulurent la délivrer de cette sujétion héréditaire passèrent auprès d'elle pour ses plus grands ennemis. Rompre avec la ville du Tibre, c'était se séparer de soi-même. Dès lors il arriva aux Français du XVIe siècle ce qui est arrivé à tous les peuples, lorsqu'on leur a présenté trop brusquement la liberté et qu'on a voulu leur arracher une servitude qui s'était confondue avec leur propre chair : ils entrèrent en fureur.

» De là jaillit une certaine lumière sur le fond

permanent de notre histoire. La race indigène a
été conquise deux fois, d'abord par les Romains,
puis par les Francs. On a répété que la Révo·
lution française, c'est le Gaulois émancipé des
Francs. Tout le monde peut voir que la conquête romaine dure encore ; *la crainte de Rome
est restée la religion du Gaulois.....* »

Que pourrions-nous ajouter à ces lignes déti-
nitives ? Rien qui ne les affaiblisse. Sinon ceci :
le reproche d'inconscience adressé par Quinet,
il y a un demi-siècle, aux historiens contemporains et aux hommes de sa génération, est
encore de pleine actualité aujourd'hui. Sous nos
yeux la même inconscience s'épanouit, et plus
que jamais, au début du xx⁰ siècle, le romanisme, sous les aspects les plus divers, nous
étreint. Par qui, en effet, entendons-nous clamer
de nos jours l'appel à la « régénération natio·
nale », à l' « énergie nationale », à la « liberté » ?
Précisément par les représentants de la tradition
d'asservissement, par ceux qui partout et toujours ont provoqué l'étouffement du réel esprit
ethnique en ses rares et brefs regains d'existence..... On demande avec insistance pour l'in-
toxiqué une plus forte dose de poison, et cela pour
son salut ! Cela seul suffirait à démontrer combien profonde est la misère intérieure des nations
où de tels sophismes sont possibles, jusqu'à
quel point les esprits y sont faussés et pervertis,

combien despotiquement y règne encore la tradition qui s'empara d'eux dès le berceau.

Et cette permanente et obstinée recherche du
salut dans l'aggravation sûre et fatale du mal,
c'est bien là le sophisme capital, installé en plein
cœur de notre vie nationale, et dont avidement
nous nous repaissons.

LE PRÉSENT

PATHOLOGIE LATINE

Le souci de tirer au clair le phénomène de nos origines latines nous a entraînés trop longuement peut-être dans le passé. Il nous faut, sans plus de retard, aborder le présent, — avant d'entreprendre l'examen des hypothèses relatives à l'avenir. Toutefois ce rappel des conditions de notre naissance et de notre ancestralité était nécessaire pour montrer que l'insuffisance des appréciations couramment émises sur la situation contemporaine des peuples latins, et partant le caractère essentiellement inadéquat, mesquin et anodin des remèdes préconisés, provient surtout de l'incompréhension où l'on se cantonne touchant ces conditions initiales.

Lorsqu'on a fait l'analyse de ces origines — la conquête, la perte de l'individualité ethnique, l'extension et la pénétration du romanisme, la substitution de l'Eglise à l'Empire — et qu'on les interprète justement, constatant l'échec postérieur de la Réforme, il nous paraît difficile de ne pas juger l'état intérieur actuel du monde latin d'une manière tout autre que celle à laquelle on nous habitua. Le rapport étroit, la relation de causalité qui s'avèrent, à la lumière de l'histoire interprétée philosophiquement, entre ce monde lointain des origines, que nous venons d'évoquer, et notre monde contemporain, constituent le seul point de départ possible, à notre avis, d'une recherche des moyens de salut et d'une analyse effective des possibilités futures. Toute spéculation touchant l'avenir de la France, par exemple, serait vaine, qui ferait abstraction de ce fait capital d'un lien intime, positif, jamais nettement rompu, qui, à travers deux mille ans d'histoire, rattache la France d'aujourd'hui à la province romaine appelée Gaule.

L'état de misère intérieure, plus ou moins accentuée, où s'est débattu le monde latin durant les derniers siècles, n'est donc que le résultat normal d'un processus historique qui a son point de départ dans le fait originel de l'absorption matérielle, et surtout morale, de ses habitants, par Rome, et de son maintien dans la tradition romaine. Cet état pathologique n'a donc pas les raisons secondaires, infimes, récentes, qu'on a coutume de lui attribuer. Ce n'est ni à vingt ans ni à un siècle, c'est à dire à hier ou à avant-hier, mais à deux mille ans qu'il faut se reporter. Nous ne sommes tels aujourd'hui que parce qu'au moment de notre naissance en tant que nations, il s'est produit autour de nous et en nous certains phénomènes d'une importance vitale qui nous ont influencés et *déterminés* pour toute notre existence. Voilà le fait indéniable : quelque inadmissible qu'il apparaisse — et même tant soit peu ridicule — aux yeux de certains.

Cette filiation apparaît, dans la clarté de l'évidence, lorsqu'on cherche à fixer quelques-uns des traits caractéristiques de l'actuel esprit latin. Alors elle se révèle, pour ainsi dire, spontanément. On est frappé de voir à quel point nous sommes serfs encore de notre passé, et comment un peuple peut traverser deux mille ans et l'immense flot des vicissitudes qu'ils comportent, sans altérer le tréfonds de son âme. La tâche est particulièrement ardue, tellement sont contradictoires et mobiles les aspects de l'esprit latin. La nature semble avoir prodigué là des trésors d'ironie et d'antithèse, à tel point — comme si vous vous trouviez en présence d'un être si divers et si riche d'oppositions, si ondoyant, si mobile et si multiforme, que vous êtes successivement, ou même simultanément, tenté de l'aimer et de le haïr, de le défendre et de le condamner, craignant à tout moment d'être partial, injuste, incompréhensif, dupe des apparences — à tel point, dis-je, que le jugement hésite toujours à se prononcer.

Pourtant il y a, dans cette onde brillante aux

mille reflets, quelques points fixes. Lorsqu'on soulève le voile des apparences et qu'on analyse froidement les contradictions, des certitudes s'avèrent.

Ainsi l'une des premières observations qui s'imposent a trait au rôle respectif de la parole et de l'action chez les peuples latins. Sûrement un voyageur, débarquant d'un autre monde, serait tout d'abord frappé, en abordant la terre latine, du prodigieux développement de la parole. C'est peut-être là le trait le plus caractéristique et symptomatique du Latin, du moins vis-à-vis de l'homme du Nord. Le meilleur de sa vie s'écoule en syllabes. Le discours est chez lui la fonction centrale. C'est par ce moyen qu'il semble se prouver à lui-même son existence et jouer son rôle dans le monde. Loin de nous certes la pensée de mépriser le don de l'expression et de nier la valeur oratoire. La parole a son immense rôle nécessaire dans le monde : mais elle ne remplace pas les autres moyens que l'homme possède d'accomplir son œuvre et de « faire son salut » dans l'univers. Lorsqu'elle aboutit à l'hypertrophie, c'est aux dépens d'autres facultés, peut-être plus essentielles. C'est ainsi qu'au développement verbal des pays latins correspond une malheureuse atrophie de l'action. Le Latin parle le plus souvent lorsqu'il faudrait agir. Il veut faire avec son cerveau et sa langue l'œuvre de ses bras. L'action revêt naturellement chez lui la forme oratoire.

L'existence de cette faculté spéciale peut seule expliquer les spectacles si souvent étranges qui se déroulent en notre monde. Nous ne parvenons que rarement à réaliser. Lorsque nous sentons instinctivement qu'il faudrait « *faire* quelque chose », nous commençons par en parler abondamment, par discourir et discuter jusqu'à l'épuisement. Par là s'expriment notre génie natif, notre énergie de race, notre endurance particulière. Sur ce terrain nous ne pouvons être battus. Malheureusement, les bouches muettes et la discussion éteinte, le moment d'agir est passé. Toutes nos forces se sont dépensées en mots, en idées, en projets, en vœux, en résolutions. Nous ne comprenons pas la nécessité ni la vertu de l'action. La nécessité pratique du fait silencieux, de la réalisation opérée pour elle-même, est une conception vraisemblablement inadaptable à notre esprit.

Il y a certaines occasions où l'application de cette méthode singulière d'action se prouve plus clairement : par exemple, lorsque nous sentons la nécessité de faire une révolution. Alors notre tempérament se déploie magnifiquement. S'il est un moment dans la vie des peuples où il semble que l'action doive primer tout autre manifestation, c'est certes celui-là. Que prodiguonsnous invariablement ? Des gestes et des cris, des mouvements de rues et des mouvements oratoires. La tribune, le journal et la rue, voilà les points où la révolution s'accomplit effectivement. Quant aux mœurs, aux idées, aux consciences à bouleverser, à renouveler — sinon la révolution n'est qu'un mot — on n'a pas le temps d'y songer. Le souci du discours et du geste accapare toutes les énergies disponibles. La tourmente apaisée, on s'aperçoit que l'essentiel reste à faire. Il n'importe : dans l'esprit public, l'œuvre est accomplie. On a fait une révolution verbale et cela suffit à notre ambition. Et telle est l'irréductible propension de la race à agir verbalement, que l'expérience n'a jamais pu nous modifier à cet égard.

L'impuissance d'agir, contre-partie de l'excès verbal, telle est la plus funeste des maladies dont l'âme latine est atteinte. Sur un sol détrempé par le flot incessant de la parole, la végétation des faits ne peut ni germer ni croître. Rien ne remplace l'acte, ni la plus merveilleuse éloquence ni les plus splendides conceptions. Car le fait a une valeur par lui-même, une valeur essentielle pour la vie. Rien ne progresse, ne se soutient que par le fait. Le monde, l'individu, l'univers physique, la société ne se perpétuent pas par des phrases, mais par des actes. Ce qui s'incarne dans la réalité a seul de la force.

De l'abus de parole au sophisme la distance est brève, et cette distance les peuples latins l'ont naturellement franchie. Le sophisme s'est comme mêlé à leur sang, jusqu'à faire partie intégrante de leur vie. Quoi de moins surprenant chez des peuples essentiellement *irréalistes*? Fervents de la spéculation et insoucieux du fait, ils devaient fatalement aboutir à ce qui n'est que l'efflorescence normale de l'idéalisme intensif. Aussi les choses, pour eux, n'ont-elles guère de valeur propre. Elles sont ce que nous voulons qu'elles soient, c'est à dire ce qu'elles ne sont pas. Elles ne sont rien en elles-mêmes : les raisonnements que nous faisons à leur endroit ont seuls de la valeur. Pour ce qui est du monde en sa réalité intrinsèque, en dehors de nos versatiles appréciations, peu importe. D'où l'instabilité, la perpétuelle inquiétude nerveuse de la vie latine. Comme tout ce qui manque d'une base naturelle et fixe, une fois pour toutes (tout est loin d'être fixe dans la vie, pourtant il y a des points qui sont et doivent être fixes), elle vacille sur sa fondation de sable mouvant, balancée au vent des syllabes et des gestes. Quinet dit quelque part, avec son amertume parfois verveuse, qu'un des traits les plus caractéristiques des pays latins, c'est de ne jamais être sûrs que deux et deux font quatre, et d'être contraints de tenir périodiquement des assemblées qu'emplit une clameur sauvage pour

reconnaître si, oui ou non, l'opération est juste :
sans que jamais d'ailleurs une solution définitive
soit apportée à ce problème inquiétant, — ce problème des problèmes. Est-il exagéré de prétendre
que le retard à trouver cette solution essentielle
est un obstacle sérieux pour un peuple, alors que
ses voisins la possèdent depuis l'enfance, iné-
branlablement acquise, et en ont fait la base infrangible de leur existence ? N'est-il pas nécessaire que certaines vérités primordiales soient
établies définitivement, pour que puisse s'épanouir la vie d'une nation, comme celle d'un individu ? Rien ne peut mieux caractériser que
cette boutade du profond philosophe de l'histoire
l'éloignement de la réalité en lequel nous nous
tenons, et qui nous induit si fréquemment en de
formidables erreurs de jugement.

Le jésuitisme a opéré longuement, sûrement et
profondément son œuvre parmi nous. Il a rempli
notre existence de mensonges et de faussetés, il
a altéré jusqu'à la substance de notre cerveau.
Il nous a rendus impropres à nous laisser toucher par la vérité, en nous isolant du monde par
une solide enveloppe de sophismes, et incapables
de pénétrer la réalité du monde, en développant
notre mépris pour les choses authentiques et
vraies par elles-mêmes. Il y a quelque chose de
dévié, de faussé, d'estropié, d'à rebours dans notre commun entendement.

Nous nous mouvons dans un monde d'apparences. Notre vie est faite d'hypothèses, d'incertitudes, de rêves, de tromperies, en un mot de semblants. Ce n'est presque jamais « l'énergie de la conviction intérieure » qui est à la base de l'un de nos actes, nous incitant à marcher droit notre chemin, sans hésitation, ni arrêt, ni recul, dans quelque direction que ce soit. Et c'est peut-être là le vrai motif pour quoi nous sommes faibles : parce que nous n'avons ni conviction profonde, ni foi vivace, ni espoir enraciné, ni courage implacable, ni but précis forçant l'effort de tous à l'atteindre. Nous sommes tels qu'un édifice, tout en surface décorée et ornée, mais qui, mal assis sur sa base, vacillerait au passage de tous les chariots sur la route.

Pour les extériorités notre culte est héréditaire. Plus tard, lorsqu'on écrira l'histoire de notre monde, peut-être désignera-t-on les Latins comme les adorateurs de la forme. Que chaque chose dans l'univers ait avant tout besoin d'un fondement, que la foi et la certitude soient l'essence de toute vie digne de ce nom, que l'apparence et le clinquant ne soient pas le dernier mot de l'énigme du monde, voilà ce dont l'expérience de nombreux siècles n'a pu parvenir encore à les rendre conscients. Ils semblent encore ignorer ce qu'exige la vie normale et pleine sur ce globe.

Toutes notations qui convergent d'ailleurs vers

une remarque capitale : nous manquons de la seule vertu qui soit indispensable à un peuple, je veux dire l'énergie, cette faculté des organismes sains qui les fait instinctivement lutter et s'accroître, contre tous les obstacles et par tous les moyens dont la nature les a pourvus, fermes et silencieux, forts comme les choses naturelles, comme les animaux et les plantes, s'efforçant avec l'instinct de la vie dans ce monde où il n'y a pas de place — j'entends pas de place sociale — pour les faibles. L'énergie, qui est comme la sève de l'arbre, hélas ! combien nous en sommes pauvres, Méditerranéens, Latins, héritiers de Rome, avec toutes nos phrases sonores et nos gestes héroïques — nos gestes de théâtre ! Splendides rhéteurs et pauvres agisseurs ! A quelle distance de la nature, où tout est force, action, instinct vital, tendance à s'accroître, nous trouvons-nous avec toutes nos supériorités d' « idéalistes », de parleurs et d'artistes, égarés que nous sommes dans des chemins pitoyables, où l'air est étouffant, loin de la grande route de l'existence, de la franche et large route où le pur animal humain socialisé s'avance hardiment ! Après nos fièvres et nos élans, nos comédies et nos drames, nous voici plongés dans l'engourdissement annonciateur des déclins. Pour n'avoir pas agi sainement alors que nous le pouvions, voilà que l'atrophie s'est emparée de nous. Maintenant nous ne *pouvons* plus, alors même que nous voudrions, pour n'avoir pas *voulu* naguère, ou pour avoir voulu des choses folles, antinaturelles, contraires aux lois de l'existence. L'impuissance s'est emparée de nous. Nous n'avons pas été sages. Nous avons mal usé de l'existence.

Et en dépit de nos rodomontades, nous ne parvenons pas à dissimuler ce vide intérieur. Sincères envers nous-mêmes, nous serions même contraints de nous avouer notre cacochymie. Notre attitude nous trahit. Que signifie cette sorte d'indifférence en laquelle nous sommes plongés, plus voisine du coma que de cette ferme assurance de l'être supérieur et tout puissant qui contemple de haut le spectacle du monde ? Si nous, les « sensitifs », nous paraissons si totalement nous abstraire des parties qui se jouent dans le monde, est-ce par orgueil, par dédain ou par impuissance ? La réponse est, malheureusement pour nous, trop évidente. La chaleur de la vie n'est plus en nous. Le froid nous a saisis.

Nous sommes des êtres vieux, usés, très las. Il n'est pas besoin d'être grand psychologue pour découvrir sous nos dehors tour à tour fiévreux et indifférents, grandiloquents et gouailleurs, « emballés » et sceptiques, une formidable lassitude. Nous n'avons pas au fond de plus grand désir au cœur — maintenant que nous ne sommes plus les forts — que celui d'une existence tranquille et

médiocre, exempte de grands efforts et de vastes
ambitions — une existence de bureaucrate, pourrait-on dire — soutenue par les débris du capital
légué par les ancêtres. Avec le poids d'une
écrasante tradition sur les épaules, tous nos
membres liés par d'invisibles mais incassables
fils au passé, nous ne pouvons plus avancer.
Nos mouvements ne peuvent plus être que des
soubresauts, tantôt en avant, tantôt en arrière.
Dans notre cerveau un monde de choses vieillies
s'est pétrifié. Les siècles, un à un, y ont déposé
leurs strates en une croûte épaisse s'agrégeant à
l'organe. D'où le caractère malsain, antinaturel,
dont le cerveau latin est empreint. Le venin des
siècles s'est accumulé là. L'air lourd et chargé
de miasmes des chambres de malades, fermées
au grand air libre, semble y flotter. Ce qui fait
qu'incapables de vouloir, en raison de l'atrophie
de nos énergies, nous sommes également inaptes
à comprendre et à penser sainement par suite de
la corruption à laquelle notre mentalité est en
proie.

Chose curieuse, c'est un artiste — et un artiste
non latin — qui me semble avoir incarné avec
le plus de profondeur, bien qu'assurément sans
le vouloir, la vision de l'âme latine contemporaine. Je ne puis contempler certaines de ces
figures que, dans son rêve maladif et mystique,
le peintre anglais Burne-Jones se plut à répéter,

sans y reconnaître comme l'image frappante de nous-mêmes. Ces personnages qu' « un mal mystérieux fait chanceler », selon le mot d'un critique, aux yeux d'insondable misère, que l'on sent faibles, las et sans espoir sous leurs gestes héroïques, révélateurs d'une telle inénergie, vieux même sous les traits de la jeunesse, c'est l'homme-type de la civilisation latine, le « representative man » de l'humanité méditerranéenne. Sur ce front, à la fois morbide, attirant, fatigué, inquiet, résigné, notre destin est inscrit par la main d'un artiste que l'on croirait visionnaire et capable de fixer l'invisible.

Tels, les traits capitaux de la pathologie latine. Nous n'avons pu que les énumérer, sans discussion ni commentaires, et alors que beaucoup d'autres vaudraient également d'être relevés.

Malgré la brièveté de ces notations, qui ne reconnaîtrait, je le demande, en ces traits de dégénérescence, le fruit de la civilisation romaine ? Qui se refuserait à voir dans ce « mal mystérieux » de l'âme latine le résultat d'une corruption primitive de la race ? Le Français d'aujourd'hui, avec ses tares caractéristiques, ne se dénote-t-il pas le fils authentique du Gallo-Romain de la décadence impériale, encore affaibli par des siècles de tradition invariablement maintenue ?

Comprenons par là que notre mal est héréditaire. Nos ancêtres l'ont contracté alors que, vaincus, ils ont inhalé le poison romain. Dès lors le sang de la race a charrié un germe morbide. Deux fois l'antidote fut à notre portée, et deux fois nous avons manqué de l'employer d'une manière franche et efficace. C'est pour cela qu'aujourd'hui nous sommes encore les vaincus de Rome. Nous subissons le fatum historique. Nous expions maintenant pour nos pères qui ne surent pas préserver leur ingénuité morale. Nous ne serions pas tels, si nous avions une solide base, un capital d'énergie initiale venant des profondeurs de la race, un fonds de réserve, quelque chose comme un « trésor de guerre » moral auquel nous pourrions puiser aux heures d'indigence et de lassitude.

C'est ainsi que nous nous avançons, avec le signe de la défaite au visage, parmi les vivants et les forts, parmi ceux qui ne rêvent ni ne disputent, riches de sève, sains, robustes, résolus, animés par la même inconsciente impulsion de vie qui est au cœur du fauve et du végétal, et qui progressent lentement, lourdement, sûrement, comme les organismes, avec certaines idées fixes dans leurs cerveaux et des muscles pour les accomplir.

Le destin de ces derniers se témoignerait-il semblable, s'ils n'étaient pas fils de barbares, demeurés purs du contact romain ?

INTELLECTUALISME ET DÉCADENCE

A nos yeux, l'infériorité latine actuelle, au point de vue de la vigueur et de la vitalité nationale, n'est pas une matière à discussion : c'est un *fait*, qui tombe sous le sens et qu'il suffit d'un rudiment d'intelligence et de sincérité pour apercevoir. Il nous paraît donc de toute inopportunité d'épiloguer sur cette matière spéciale.

Et pourtant, à maintes reprises, cet argument, sérieux en apparence, est venu frapper notre oreille :

« Oui, la situation des pays latins dans le monde est actuellement inférieure à ce qu'elle fut. Ils ont, depuis un siècle surtout, subi de malheureuses vicissitudes et manifesté des symptômes d'affaiblissement. Leur vie intérieure décèle un malaise persistant, et l'avenir pour eux, parmi d'ardentes compétitions, n'est pas sans inspirer quelque inquiétude. Mais néanmoins une chose est indéniable : la somme d'*intelligence* répandue dans le monde latin est plus considérable peut-être que dans tout le

reste du monde. Pour ce qui est de la haute sensibilité esthétique et intellectuelle, de l'élégance,
du « style », de l'affinement spirituel, de la
richesse et de la complexité de civilisation,
comment nierez-vous, en présence de preuves
quotidiennes et patentes, que la France, par
exemple, ne soit encore, et pour longtemps
sans doute, à la tête de l'Occident ? La foule des
esprits et des curiosités qu'elle attire, son prestige toujours vivant, cette sorte de fascination
qui émane d'elle n'en sont-ils pas l'éclatant
témoignage ? »

Cet argument n'est solide qu'en apparence.
Il repose sur un sophisme.

Une distinction s'impose en effet. Il ne faut pas
confondre l'intellectualité et l'affinement esthétique d'une nation, considérée dans son élite,
avec sa simple valeur morale en tant que nation,
considérée en bloc. En d'autres termes, il faut
distinguer entre l'énergie, la vitalité d'un organisme national et son intellect.

Au point de vue de l'affinement cérébral, de la
délicatesse et de la différenciation des « hautes »
facultés, les nations latines occupent sans doute
la première place en Occident. Et cette situation
elles l'occupent en raison de leur long passé de
culture et de civilisation, de la tradition dont
elles reçurent le dépôt, et de leur « surchauffage »
mental. Cela est vrai, et personne ne songe à le

nier. Mais là où l'on erre prodigieusement, c'est lorsqu'on tire les conséquences de cette primauté particulière. Car il est éminemment contestable que cette prééminence intellectuelle suffise à leur assurer une supériorité de fait, en tant que nations.

Bien plus, il me semble qu'une supériorité de ce genre est la plus solide preuve de leur infériorité en fait de vigueur, d'énergie vitale, de force organique. Leur complexité mentale — quoique en réalité restreinte à une élite — prouve leur affaiblissement physique et moral.

Le cerveau n'est tellement développé que parce qu'en lui s'épanouit un monde d'idées anciennes et de traditions. Et le prix de l'extrême affinement cérébral, c'est l'épuisement des énergies naturelles, de la force vitale instinctive et des ressources de vigueur. Hypertrophie suppose atrophie. C'est un phénomène analogue à celui qui se produit chez l'individu : la vie spirituelle atteint son maximum chez le vieillard, alors que les énergies vitales se sont éteintes. La vie monte et se réfugie au cerveau, lorsque les membres sont devenus impropres au service vital.

La prétention à l' « idéalisme » — en prenant ce terme dans le sens d'anti-réalisme — l'appel perpétuel à l' « idéal » me semblent impliquer avant tout l'aveu qu'on est inférieur dans les choses réelles. L'idéalisme n'est alors que le masque de la faiblesse ou de l'impuissance.

Ceci donc nous paraît une loi de la vie des peuples : l'extrême complexité mentale est une preuve de la dégénérescence d'un organisme social. Les peuples forts et sains, ceux qui ont l'avenir devant eux, sont de cerveau et de sensibilité frustes. Affinement d'une part signifie usure et lassitude d'autre part.

Il ne faut pas oublier certains exemples du passé, riches d'enseignement pour nous. Athènes, Alexandrie, Rome, Byzance, à la veille de s'anéantir en tant qu'êtres sociaux, resplendissaient intellectuellement. Rongées de chancres mortels, en complète décomposition organique, elles étaient, au point de vue philosophique ou littéraire, artistique ou scientifique, en plein éclat. Ces villes furent aussi dans leur temps des centres vers lesquels tous les regards intellectuellement avides convergeaient. Les peuples qui les entouraient n'étaient à leurs yeux que des barbares et l'étaient en réalité, parce que, jeunes et frustes, uniquement préoccupés de vivre, de conquérir leur place au soleil, leur cerveau était presque vierge encore. Cependant où étaient la vie, la force et l'avenir ? De quelle côté la supériorité : du côté des intellectuels ou du côté des incultes ? L'histoire répond.

Bornons-nous à l'exemple de la Grèce. Figurons-nous la situation du monde grec, un siècle et demi avant l'ère chrétienne, lorsque le Romain se présente aux portes de ses cités. Le spectacle est typique. D'une part le petit peuple hellénique, riche de ses traditions, saturé d'art, de philosophie et de littérature, justement fier de son passé intellectuel, peuple d'élite en qui se concentraient des siècles d'affinement et de culture et où pullulaient les intellectuels, les artistes, les sophistes, les professeurs, les danseurs, les savants, les comédiens, les philosophes, mais vide de ses énergies, pauvre en hommes d'action, en caractères et en consciences, incapable de résistance, à bout de forces organiques, désormais impuissant. D'autre part, le lourd, fruste, grossier Romain, qui s'avance méthodiquement avec sa simple force brutale et neuve, sa pure énergie animale de peuple jeune, sain et fort. Au point de vue intellectuel pur, le premier l'emporte immensément sur le second ; il est, pour la culture et la civilisation, le peuple supérieur, — à tel point qu'après la conquête, le vainqueur s'assimile avidement la littérature, la science, l'art, la philosophie des nouveaux provinciaux romains et s'imbibe de leur spiritualité. Mais par ailleurs, que pouvait la Grèce avec toute son immense supériorité de civilisation ? Rien. Son évolution était achevée. La paralysie s'était emparée de ses membres. « Athènes, selon le mot d'un historien, n'était plus qu'un musée et une école où l'on dissertait beaucoup, où l'on n'agissait plus. » Elle n'était plus dans le monde qu'un vaste champ de décomposition, plein de germes morbides. Elle *devait* disparaître. Elle devait faire place à un nouvel ordre de choses, actif et sain. Un autre organisme allait se nourrir de sa ruine et grandir à son tour, produire de nouvelles branches et de nouvelles fleurs. Et, au premier choc, elle tombe en poussière sur son sol parsemé de chefs-d'œuvre. Elle tombe comme un fruit très mûr lorsqu'on secoue légèrement la branche. C'est pourquoi le Romain avec toute sa brutalité, sa stupidité même, agit, en qualité de peuple jeune et fruste, selon la loi de nature. Il est à ce moment le peuple supérieur, *de fait, c'est à dire devant la vie*, en raison même de sa nature primitive et de son inculture. Et plus tard, son tour est venu aussi. Un moment arrive où Rome, accablée par la tradition, le cerveau congestionné de culture, saturée de civilisation, suraffinée, aperçoit au loin les Barbares en marche vers ses portes. C'est elle qui, à cette heure, représente dans le monde la prééminence intellectuelle, en face de la jeune barbarie. Son prestige est immense. Vers elle converge toute la spiritualité du monde et s'acheminent tous les affamés de culture. A cet égard elle présente un spectacle magnifique, non seulement par la splendeur des extériorités, mais par la somme d'intelligence en elle accumulée. Les esprits larges, souples, compréhensifs y abondent, les talents pullulent,

la philosophie, la littérature, les arts s'y épanouissent. C'est une des périodes les plus riches
en civilisation qui aient été dans le monde. Et
pourtant qui ne distingue, sous ces dehors d'un
éclat, d'un charme, d'une délicatesse infinis, la
faillite intérieure, l'atonie des caractères, l'anéantissement des énergies de la race ? Une senteur
de mort flotte autour de ces cerveaux quintessenciés. Tout ce magnifique organisme est intérieurement rongé, et paraît n'attendre que le coup
d'épaule du passant qui le fera chanceler et s'abimer définitivement. Ainsi lorsque les fauves
blonds du Nord, inconscients purificateurs, qui
mettent dans la vie même l'intensité que l'homme
des antiques civilisations dépense intellectuellement ou sensitivement, viennent inonder sous
leurs flots cette merveilleuse fleur de siècles de
culture, semblent-ils n'accomplir qu'une besogne
naturelle d'hygiène cosmique.

Voilà donc comment j'interprète l'argument
tiré de la supériorité de culture des peuples : à
rebours de l'explication coutumière. Je découvre
une menace là où l'on veut lire une promesse. Je
tremble pour l'avenir des peuples saturés de civilisation. Je vois se profiler à l'horizon de leur
destin ce que les imagiers naïfs représentaient
sous les traits d'un ange de la Mort portant au
poing la terrible faux. C'est parce que je ne regarde pas uniquement les hautes œuvres de la

civilisation, les sommets et les fleurs, mais l'ensemble, c'est à dire les membres, les muscles, les mains, la vigueur, les branches et le tronc de l'arbre social.

Le vieillard, riche de son expérience, de son goût et de sa culture, peut mépriser l'homme jeune, pourvu de sa simple force naturelle et de son instinct de vie, sans qu'il me paraisse avoir raison. Qui des deux a en lui la vigueur et la vitalité, c'est à dire les vertus capitales en ce monde ?

La raison pour laquelle on se laisse si facilement duper par le sophisme de la supériorité des vieilles civilisations, au cerveau et aux nerfs hypertrophiés, c'est qu'on ignore communément ce qui constitue la force réelle d'un peuple, sur quoi reposent ses assurances d'avenir et ce pour quoi émane de lui un sentiment de solidité et de stabilité, de puissance et de richesse intérieure. Nous venons de constater que quelques-unes des plus éclatantes périodes de civilisation dans le passé se sont épanouies à la veille des déclins et que le haut degré d'affinement spirituel d'un peuple ne donne pas la mesure de sa force. Ce ne sont pas en effet les intellectuels qui constituent la vitalité d'une nation. C'est le gros, la moyenne, le bloc. Une nation est forte lorsqu'elle possède une moyenne d'intelligence médiocre, plutôt lente et fruste, mais riche d'énergie et d'instinctivité, en marche méthodique, lente, pesante, de caractère solide. C'est aux mains de ceux-là qu'est le pouvoir créateur, ce sont eux qui, inconsciemment, comme le jour succède à la nuit, enfantent, labourent et pro·gressent. C'est cette moyenne qui constitue la substance d'un peuple et sa possibilité d'avenir. Il faut qu'en ce peuple soient demeurés de vastes champs vierges et des amas de richesses brutes et inexploitées : sans ces ressources naturelles sa ruine est sûre, à plus ou moins brève échéance. Comment s'avancer dans le monde d'un pas assuré lorsqu'on possède un cerveau de vieillard, encombré de choses vieilles et de traditions, un cerveau tyrannique et fossile? La pléthore d'intelligence est surtout créatrice d'inaction, de dissolution, et par conséquent de décadence. L'excès de culture, c'est le scepticisme intronisé comme principe, la tendance contemplative, l'instinct de ratiocination, c'est à dire les pires des maux pour une société.

On pourrait soutenir, sans nul paradoxe, que moins une nation a d'intellectuels, mieux elle se porte. *Car c'est la stupidité, bien plus que l'intel·lectualisme, qui constitue la force d'une nation :* à condition d'entendre par ce mot de « stupidité » ce qui nous apparait tel à nous autres, d'intelligence prépondérante et exclusive.

J'excepte, bien entendu, les professionnels de la

culture, professeurs, savants, etc., qui sont aussi indispensables à l'existence d'une nation que le boulanger ou le tailleur. Je n'entends pas non plus pousser l'argument à l'extrème et prétendre qu'une nation sans un seul intellectuel, posséderait par ce fait même l'absolue primauté. Ma conception d'un peuple n'est pas celle d'un troupeau de brutes acervelées ; je crois profondément à l'importance de la raison et de la culture, lorsqu'elles occupent une juste place dans l'organisme social. Je veux dire simplement que le développement excessif des fonctions intellectuelles corrompt et paralyse.

Il est un ordre de facultés qui demandent à être envisagées et évaluées avant toute chose, lorsqu'on cherche à établir la valeur intime d'un peuple et ses chances d'avenir. Je veux dire la robustesse et l'énergie, le sérieux et la foi, la naïveté et l'instinctivité. Ce sont là pour un peuple les vertus capitales, celles qui démontrent s'il est riche ou misérable, vigoureux ou faible. Vertus dont on néglige ordinairement de tenir compte pour n'évaluer que les facultés spirituelles. Point de vue déplorable ! Car, au fond, de quoi une nation a-t-elle essentiellement besoin ? Quelles sont ses nécessités primordiales ? Une société, pour réaliser son existence normale, pour vivre réellement et non végéter, doit posséder certains attributs fondamentaux, hors desquels il

n'y a que misère, folie et ruine : une certaine
dose de *vigueur physique*, de pure et saine vigueur animale, qui sera le fondement sur lequel
s'édifiera toute son existence ; une certaine dose
de *caractère*, qui lui permettra de fournir résolument sa course dans le monde, d'avancer
franchement au lieu de piétiner sur place, de rétrograder, de se coucher au bord du chemin ou
de s'épuiser en soubresauts et en hésitations ; une
certaine dose d'*ingénuité* et de *primitivité*, c'est
à dire de foi naturelle en la vie, de confiance
instinctive dans le monde et dans les choses, de
telle sorte qu'il fonde sa croyance sur les réalités plutôt que sur les rêves ou les traditions,
qu'il possède la simplicité et la hardiesse, le
sérieux et la sincérité dans l'action. Mais parmi
ces vertus il en est une qui les domine toutes,
— qui domine aussi bien l'individu que les organismes sociaux — et qui est en somme la seule
indispensable : l'*énergie*. L'énergie qui prime
tout et détermine tout, qui comprend à la fois la
simple énergie corporelle — cette fleur des organismes puissants et sains — et l'énergie intérieure, celle des consciences, qui entraine la
continuité dans l'effort, la stabilité du développement organique, l'endurance, la patience, la
marche silencieuse, obstinée, instinctive, iné-
branlable, vers un but — et à laquelle s'opposent
l'agitation hystérique, la furie inutile et sotte, le

flottement, les indécisions et les contorsions. Toutes les autres qualités sociales peuvent être précieuses ou délicieuses ; si celles-là manquent, c'est le fond même qui fait défaut.

Je pense que c'est à peu près là ce que Gœthe voulait exprimer lorsqu'il disait à Eckermann : « Les Français ont de l'intelligence et de l'esprit, mais ils n'ont pas de fond et pas de piété, » — entendant par « piété », la foi de l'homme dans les grandes lois naturelles, son respect des normes inéluctables et bienfaisantes du cosmos. Pour exprimer l'opposition de fond entre les principes qui dominent la civilisation latine et la civilisation germanique, on pourrait dire aussi que la première est à la seconde ce qu'est un jardin d'agrément, où s'épanouissent des fleurs splendides et capiteuses, à un champ de culture sans art ni agrément. L'enclos fleuri caresse l'œil et grise le cerveau : c'est cependant le champ potager, d'apparence fruste et grossière, qui donne du sang et des muscles à l'homme. Et c'est également ce dernier qui, en fin de compte, recèle le plus de large et réelle beauté.

Hypnotisé par la vision des sommets d'une civilisation, on ne fait pas assez la distinction nécessaire entre *l'intellect* et le *caractère*, c'est à dire entre la fécondité mentale et la valeur morale, entre les aptitudes pour la création intellectuelle et les aptitudes pour la création vitale.

Confusion extrèmement fâcheuse, créatrice de jugements illusoires..... On se laisse prendre à des apparences. On s'émerveille au spectacle, réellement merveilleux, offert par une élite de penseurs, d'écrivains, d'artistes, d'orateurs, de dilettantes surintellectuels et hypersensibles. Spectacle admirable à coup sûr : mais qu'on regarde aussi la masse, c'est à dire la presque totalité..... C'est alors que l'écart apparaît formidable et que la misère intérieure se découvre. Au lieu de caractère, nous y trouvons l'indifférence, la routine, l'indécision, la veulerie. La médiocrité du caractère, voilà bien ce qui domine dans notre histoire, — malgré les héroïsmes, les actions d'éclat dont elle est parsemée, — aux temps gallo-romains comme au xvi⁰ siècle et au xix⁰. Et c'est toujours par défaut de caractère que les nations se sont effondrées, en ces grands écroulements historiques qui dévoilèrent une immense misère intérieure cachée sous des dehors d'éclatante prospérité.

Encore faudrait-il examiner, d'un peu plus près que nous ne le pouvons ici, la valeur de cette mentalité et de cette haute civilisation dont s'alimente le sentiment de notre propre supériorité et d'où procède le restant de prestige dont nous jouissons. Je ne discute pas la place assurément avantageuse qu'occupe la France dans l'ensemble du monde latin ni la réelle suprématie qu'elle exerce, vis-à-vis même de l'ensemble du monde, dans certaines branches du savoir ou de l'industrie humaine. Mais ce n'est pas l'avantage de cette situation relativement supérieure ni de certaines prééminences de détail qui pourrait nous démentir.

Un milieu de civilisation intensive, d'affinement et de culture, tel que de longs siècles d'intellectualité, d'élégance et de sensibilité peuvent en produire, comporte de sérieux avantages. Il prête à l'esprit une légèreté, une souplesse, un éclat, une ouverture inconnus aux peuples de cérébration lente et lourde. Du maniement quotidien des idées, de la pratique des choses de l'esprit naît un scepticisme qui permet d'envisager de haut, avec supériorité et détachement, le monde et la vie. Le propre d'un vrai Latin est d'assister au spectacle du monde en dilettante revenu de tout. Éclectiques et sceptiques, nous sourions subtilement, là où l'individu des civilisations plus saines voit un motif d'avancer ou de reculer carrément, de foncer, de se passionner ou de combattre. Nous avons derrière nous une tradition assez ancienne, un bagage suffisant d'expériences, pour nous permettre l'indifférence et professer au fond de nous-mêmes le plus parfait dédain du monde, sous les apparences de la satire ou de la gaîté. Cela est admirable, permettant l'insouciance et le détachement, là où d'autres peinent et luttent. Mais à côté de cet avantage évident, il y a lieu de se demander s'il n'y aurait pas là un motif secret d'infériorité et de déchéance. Le scepticisme et le détachement, la philosophie du « cœur léger », ont leur place dans l'existence : mais est-ce là toute l'existence ? L'être surmental des hautes civilisations expie sa supériorité par un *manque de foi* dans les choses. Or qu'est-ce que la vie sans une foi positive, expansive et agissante ? Croire est l'âme d'agir, comme agir est l'âme de vivre. Dès lors l'intellectuel a l'illusion de vivre, plus qu'il ne vit. L'être qui a conservé la foi et la naïveté du vivant simple et sain prend contact avec le dehors, le modifie et en est modifié. Il vit au sein de réalités et conserve par là sa force de création et d'action. Aussi qu'arrive-t-il ? Dans la course du monde où tout est mouvement et labeur, l'être de cerveau suraffiné et de sensibilité hypertrophiée, est dépassé par ceux qu'il dédaigne, comme frustes et inférieurs.

Il serait également dangereux de confondre « intelligence » au sens large, normal et droit de ce mot, avec « esprit ». Par excès d'esprit on tend à se prouver inintelligent. Les peuples latins me semblent illustrer cet axiome. Maintes fois il arrive que leur supériorité d'esprit échoue là où triomphe la plus primitive mentalité. C'est ainsi que d'incroyables bévues sont commises, que de lamentables défaites surviennent, où la subtilité et la complexité se prouvent moins fortes que la droiture et la naïveté, et où certains qui passent pour manquer d'esprit se témoignent pourvus d'une faculté que l'on est bien contraint de nommer intelligence. C'est alors la nature qui se charge de remettre les choses au point. Combien de fois n'avons-nous pas fait la dure expérience — sans que nous en ayons d'ailleurs tiré aucun profit — du triomphe de l'intelligence saine et méthodique sur l'intense spiritualité ? Combien de fois l'esprit français, notamment, motif de tant d'orgueil et d'admiration, ne s'est-il pas prouvé insuffisant à tenir la place de la logique, de la raison et du sens commun, ou même du pur instinct d'un primitif aux impulsions saines et fortes ? C'est que l' « esprit », je le répète, est parfois le contraire de l'intelligence. La nation qui, sûre de sa légendaire supériorité mentale, passe en riant à côté des lois suprêmes de la nature et des faits capitaux de ce monde, sans les reconnaître, — ces lois et ces faits qui la briseront un jour, — se révèle simplement absurde, ignorant que le scepticisme a des bornes et qu'il y a des normes permanentes qui ne souffrent pas d'être transgressées. Il faut généralement dans ce monde plus d'intelligence, c'est à dire de compréhension et d'interprétation juste des réalités, que d'esprit. De ce côté, les peuples latins ont

donné des témoignages d'une si extraordinaire
folie, d'une si prodigieuse absence de jugement,
que, pour les expliquer, on se trouve réduit à invoquer le *Quos vult perdere Jupiter dementat*.

D'autre part il ne serait pas difficile de prouver
que notre souci pour les choses intellectuelles est,
à beaucoup d'égards, plus apparent que réel, et
qu'en intellectualité vraie, certains peuples, qui
n'eurent point part à l'héritage romain, nous dé-
passent incontestablement. Notre intellectualisme consiste surtout à considérer le monde à
travers le prisme d'une conception irréelle.

De nous croire supérieurs, parce que les plus
spirituels du monde, de nous estimer, du fait de
notre intelligence spéciale, au-dessus des réalités,
provient naturellement notre infatuation. L'orgueil du Latin, héritier des civilisations antiques,
représentant de Rome et de l'idée romaine dans
le monde, est un de ses attributs permanents.
Qualité de l'enfant, que nous trouvons à notre
berceau, puisque le Gaulois se distinguait déjà
par la plus téméraire infatuation, laquelle s'ac-
crut encore lorsque la civilisation impériale eut
passé de Rome en Gaule, — mais qualité aussi
du vieillard qui, dans un monde en marche continue, alors qu'il demeure stationnaire, s'obstine
à se croire encore à l'avant-garde. Mme de Staël,
dans son étude sur l'*Allemagne*, écrit avec une
inconsciente ironie : « La bonne opinion que les

Français ont d'eux-mêmes a toujours beaucoup contribué à leur ascendant sur l'Europe. » Sans doute, dirons-nous : dans les limites du temps et de l'espace où cette « bonne opinion » peut se justifier. Mais au delà ? Se croire supérieur, alors qu'on n'est plus supérieur en fait, comme certaines expériences malheureuses l'ont plus d'une fois établi, c'est attirer la foudre sur sa tête. Car un moment vient fatalement où l'infatuation se prouve sans base et où elle s'écroule, entraînant l'individu et la nation, au choc des réalités impitoyables. Sans compter que la plus funeste conséquence de l'infatuation est de perpétuer l'ignorance de soi-même, en se rendant impénétrable aux suggestions de la vérité et en empêchant par là tout retour aux voies qui mènent à la régénérescence.

Quoi de plus vain, de plus misérable au fond, que de se croire, par quelque décret immuable, inscrutable et imprescriptible de la divinité, l'ombilic du monde ? Un pur Latin n'a que sourires de pitié ou condescendance pour ce qui appartient au « dehors ». Ses frontières représentent à ses yeux celles de la « civilisation » : au delà ne règne qu'une barbarie plus ou moins atténuée. Sa tradition est la seule vraie, la seule belle, la seule digne de l'avenir. Sa « race » est la race élue pour distribuer la vérité et la beauté au monde, pour promulguer les lois suprêmes, les « lois non écrites ». A cet égard le Français, l'Italien ou l'Espagnol contemporain, pense comme l'homme antique et l'homme de la Renaissance : sa conception n'a guère progressé. Son credo est toujours le même : « Hors de la latinité, point de salut. »

Le coq du village, trônant glorieux sur son fumier, a lui aussi cette conception du monde, qu'il trahit par son attitude : ce qui ne signifie pas qu'elle soit juste.

On sait ce que Rome représente pour l'Italien de pure souche ; alors même que la « Ville Éternelle » ne serait plus qu'une nécropole et un musée où planerait un silence de sépulcre, troublé seulement par les allées et venues des touristes et des archéologues, il ne prétendrait pas moins voir en elle la souveraine présente et future du monde et la reine des cités. L'infatuation ibérique est connue. Pour le Français de sang pur et que n'ont pas « corrompu » les contacts étrangers, Paris est, sans nul contredit possible, le centre moral et intellectuel du globe. Ce sont les pulsations du cœur du monde qu'y marque son existence. Autour de la « Ville-Lumière » où se concentrent et s'exaltent la France et la latinité, les cités et les peuples sont comme des enfants devant leur mère et leur éducatrice, attendant d'elle la bonne parole, le mot d'ordre. Nous sommes de droit divin le « premier peuple de la terre », la nation élue et souveraine. Ce n'est pas au chauvinisme vulgaire des masses que j'emprunte cette opinion, mais aux esprits d'élite les plus authentiques, aux chefs intellectuels de la nation, en lesquels se retrouve identique, vivace et triomphant à l'égal d'un dogme, le même préjugé : les Hugo, les Michelet, les Zola… A quelle profondeur les idées latines ont-elles dû corrompre les cerveaux et les consciences pour que de telles opinions puissent être soutenues par d'aussi larges et puissants esprits ! Je ne mentionne même pas ce qu'elles ont d'offensant et de méprisant pour le reste du monde : j'envisage simplement leur côté néfaste et ridicule. Oui, avant tout, le Latin, infatué de lui-même et de sa tradition, se prouve immensément ridicule et sénile, en face de la réalité.

Qui ne voit, parmi ceux que n'aveuglent pas les préjugés antiques, que la civilisation d'aujourd'hui, la civilisation proprement *moderne*, s'élabore *partout*, et surtout peut-être en dehors du monde latin ? Pourquoi ne pas reconnaître et saluer — avec plus de raisons — la suprématie de New-York, de Berlin, de Londres, de Melbourne ou de San-Francisco, considérés comme expressions d'une civilisation et d'une race ? Je suis bien loin de nier que Paris et certains centres latins aient de réels motifs d'orgueil en certains domaines ; je le vois, je le sens, je le proclame aussi bien que quiconque. Mais alors même que pour longtemps encore le vaudeville français, l'esprit français, la cuisine française, les modes françaises, le goût français feraient prime dans le monde, cela signifierait-il qu'il n'y a par ailleurs que solitude, néant, grossièreté et petitesse ? Serait-ce là tout l'intérêt de la vie ? Qui ne voit que dans certaines choses d'ordre prépondérant, d'ordre vital, Paris, la France et le monde latin, loin de mener l'humanité, ne la suivent même pas, et sont contraints d'accepter du dehors certaines vérités et certains éléments indispensables à l'existence moderne ? Alors pourquoi cette insincérité ? Est-ce que ce sentiment de lassitude intime, que nous notions plus haut, n'atteste pas à lui seul le mensonge de notre infatuation ? Et nous ne craignons pas d'offrir au monde un pareil spectacle lorsque chaque jour des faits impitoyables, qui sont à l'abri des influences du sentiment, se chargent de démontrer, avec une évidence retentissante, notre infériorité.

Ne nous prévalons pas de notre supériorité traditionnelle de Latin, car notre « bonne opinion » de nous-mêmes n'aura plus désormais que peu d'effet sur le monde, et en nous-mêmes elle barre la route qui mène vers une nouvelle vie. Sur notre terre des fleurs d'un parfum et d'un éclat splendide brillent, il est vrai, mais il ne faudrait pas négliger de voir que le tronc et les branches de l'arbre latin ne sont pas en rapport avec elles. La médaille romaine offre, à son envers, une image dont les traits devraient nous rendre soucieux.

ORIENT ET OCCIDENT

Sur le terrain que nous sommes en train de parcourir hâtivement et sans méthode, c'est le même fond que partout nous rencontrons, dissimulé sous les plus divers aspects. C'est à la même vérité que nous aboutissons par les chemins en apparence les plus divergents.

Par delà toutes les critiques de détail, il y a en effet une observation capitale à formuler. Un mot explique tout, donnant, pour ainsi dire, la clef d'un problème qui serait simple, si tant de nuages et de malentendus ne l'obscurcissaient, si tant d'ignorance, d'indifférence et de mauvais vouloir n'en reculaient indéfiniment la solution.

Tous les obstacles à une claire et nette vision étant écartés, une vérité apparaît, fondamentale, dominant tout le débat. Elle peut ainsi se formuler :

Les peuples latins sont demeurés en deçà du monde moderne. En dépit d'apparences contradictoires, ils ne font pas, à proprement parler, partie de la civilisation occidentale contemporaine.

Vérité à l'appui de laquelle il n'est presque pas besoin d'autres témoignages que les traits caractéristiques relevés aux pages qui précèdent et qui, sous l'apparence d'un paradoxe, ne peut être qu'acceptée par celui qui regarde froidement et directement.

Voici des peuples qui n'ont pu naguère échapper à la loi de la Rome impériale que pour tomber sous le joug de la Rome catholique, qui par conséquent traversèrent toute leur existence, dominés, animés par la tradition du romanisme politico-religieux, imposé et adopté de plein cœur aux origines, sans être pleinement eux-mêmes un seul instant.

Or que représente, en son essence, la tradition du romanisme ? Une adaptation de l'esprit asiatique à l'Europe du Midi, la projection d'une conception d'Orient sur les peuples avoisinant le bassin de la Méditerranée. Rome, expression dernière du monde antique aux derniers siècles de son empire, a concentré en elle tous les rayons épars et finissants de l'esprit oriental, pour les projeter de là sur le monde. L'Eglise qui prit sa place reçut de ses mains mourantes l'héritage, et l'Orient, par elle, survécut à la ruine impériale.

A cette tradition les nations latines sont demeurées rïvées. Entrée profondément dans leur chair et dans leur cerveau — avant même leur naissance — elle fait partie de leur être intime. Seules les extériorités, chez elles, sont modernes, par le bénéfice du milieu : leur âme est ancienne.

La Réforme a été l'occasion unique, providentielle, offerte aux peuples d'Europe pour s'arracher à l'emprise du romanisme, représentant une conception anachronique, et pour inaugurer une ère nouvelle, basée sur une conception nouvelle — une conception occidentale — du monde et de la vie. Ceux qui ont repoussé la Réforme ont par là refusé d'effectuer leur entrée dans le monde moderne. Ils ne se sont pas renouvelés, profondément et largement, à ce moment décisif. De sorte qu'ils n'ont pas opéré une évolution intérieure réelle depuis les premiers siècles de notre âge et que les idées directrices du monde moderne ne se sont pas enracinées en eux.

Telle est la situation étrange et douloureuse des peuples latins depuis trois siècles. Contraints par le milieu mondial à mener un semblant d'existence moderne, ils n'en ont pas moins continué à demeurer au fond — qu'ils le veuillent ou non — enchaînés à la tradition antique : véritable divorce, créateur d'impuissance, entre la vie du dehors et la vie du dedans.

Il s'ensuit, en fin de compte, que les peuples qui se rattachent à la conception romaine et qui en vivent — alors même qu'ils en meurent — c'est à dire les peuples catholiques, représentent, à l'heure actuelle, une sorte de survivance orientale dans l'Europe contemporaine. Être Latin c'est provenir moralement de l'Orient. Être catholique, c'est être anti-occidental, anti-européen, anti-moderne.

La distance morale qui sépare l'Europe germanique de l'Europe latine, le monde protestant du monde catholique, est en réalité, quant aux principes et aux idées directrices, celle de l'Occident à l'Orient, — à un Orient extrêmement affaibli, corrompu, dilué, adapté, transformé — mais à l'Orient quand même. Les peuples du Nord ont, au point de vue spirituel, leurs racines dans le sol même de l'Europe, ceux du Midi ont leurs racines dans le passé asiatique. L'antagonisme interne et inconscient entre le Nord et le Midi, entre Germains et Latins, c'est la lutte de l'Occident et de l'Orient qui se prolonge dans le monde contemporain. Lutte d'ailleurs inégale, puisque l'esprit occidental a depuis longtemps le dessus.

D'où deux modes de civilisation bien distincts dans cette partie de l'Europe que nous considérons. Il y a les peuples à civilisation scientifique, rationnelle, et les peuples à civilisation sentimentale, mystique, ou mieux les peuples réalistes et les peuples idéalistes (au sens d'anti-réalisme) : cette dernière distinction étant la plus vraie et la plus générale. Les sociétés germaniques sont essentiellement réalistes, proches de la terre ; les sociétés latines essentiellement idéalistes, à rebours des réalités. Je n'ignore pas qu'il existe à l'encontre de cette distinction, apparemment fruste, une multitude de faits ou de théories semblant la contredire. On alléguera la vivacité française, la rêverie allemande et d'autres lieux communs. Je les connais. Je n'en persiste pas moins à soutenir la vérité foncière de cette dualité de tempérament et d'esprit. Le principe qui, de près ou de loin, domine les peuples latins est un principe mystique, anti-naturel et anormal. C'est là le ferment qui les fait malsains, et c'est par là qu'ils se trouvent — et qu'ils se trouveront de plus en plus — en état d'infériorité vis-à-vis de ceux que guide un principe rationnel et terrestre, dans un monde où, chaque jour davantage, la victoire appartiendra à la logique, à l'intelligence pratique, à une juste compréhension des réalités, en dehors de toute conception anti ou ultra-terrestre. C'est surtout en raison de ce caractère d'insoumission aux lois naturelles que leur avenir nous apparaît douteux : celui qui ne peut ou ne sait s'adapter aux conditions du milieu terrestre ne peut fournir une longue carrière et s'épuise en efforts stériles hors du bon chemin.

Tel est donc le fait essentiel, celui qui domine tout le problème : *l'inadaptation des peuples latins au milieu moderne proprement dit*. Ils demeurent en dehors. Vérité des vérités qu'il ne faut pas un seul instant perdre de vue lorsqu'on envisage le problème latin, tellement embrumé de contradictions, et qui aide à déchiffrer cette énigme qu'est à première vue leur histoire, comme leur psychologie.

Faut-il voir la raison première de cette infériorité et de cette impuissance dans la constitution anthropologique des peuples latins ? Suivant M. Vacher de Lapouge qui, dans un livre récent, extrêmement remarquable et hardi — *L'Aryen* — a étudié scientifiquement ce problème, tout se réduit à une question de race. Le monde septentrional, « barbare » et protestant, se compose, dans une forte proportion, d'Aryens purs. Les peuples latins ne sont pas de vrais Aryens, ou plutôt ne sont que des Aryens d'échelon inférieur. Or, de même que dans l'ordre des primates, le genre *Homo* a triomphé comme mieux pourvu et armé, de même dans le genre *Homo*, l'espèce *Homo Europæus* — que l'on dénomme vulgairement Aryenne — triomphe de par ses qualités natives. Elle est, dans le monde occidental, la race entre toutes audacieuse, entreprenante, libre, aux solides qualités de fond. Le dolichocéphale blond du monde septentrional est un animal *naturellement* supérieur au brachycéphale du monde méridional. C'est pourquoi il triomphe partout. En un mot, pour emprunter à l'auteur une de ses formules, « l'importance relative et surtout l'importance future des nations est assez exactement proportionnelle au nombre absolu d'individus de pure race *Europæus*. »

Si on admet cette opinion, il faut remarquer qu'elle constitue une solide base scientifique au fait historique que nous constatons ici, à savoir l'acceptation passive du romanisme par les peuples du Midi, opposée à la résistance acharnée des peuples du Nord, et qu'elle fonde sur la biologie l'infériorité latine, en fournissant de précieuses indications pour le futur.

Il est vrai que le Gaulois, par exemple, était à l'origine un pur Aryen. Mais au contact des populations antérieures et sous l'influence du milieu, il a rapidement dégénéré. César nous dit que « le Gaulois n'osait pas regarder le Germain en face » ; à cette époque le Gaulois avait donc perdu déjà une part de ses qualités natives au contact du milieu ibère — comme plus tard le Franc au contact du milieu gallo-romain, — et aussi par suite du climat, sur cette terre latine où les peuples ne semblent descendre tour à tour que pour y perdre leurs vertus ethniques et s'abâtardir. Dans la suite, la dégénérescence de l'Aryen ne fit que s'accentuer chez nous.

Sans conduire le débat sur un terrain scientifique, qui n'est pas le nôtre ici, cette thèse nous

apparaît d'importance et valoir d'être signalée
à cette place. Nous inclinons, pour notre compte,
à penser qué, dans le cas du monde latin, l'influence historique a été plus déterminante que
l'influence zoologique : tout en admettant absolument la théorie des races humaines supérieures
et inférieures, niée par certains. Quelque làrgeur
d'humanisme qu'on témoigne à juger les peuples,
il faut bien distinguer entre ceux qui présentent des
qualités de fond et ceux qui n'ont que des qualités de surface — en tant que peuples — et constater la supériorité des premiers. N'est-ce pas se
prouver inférieur que d'aliéner volontairement
sa personnalité, que de conserver une religion
digne de peuples enfants, que de ne jamais parvenir à incarner son vouloir dans les réalités ?
Attribue-t-on la même valeur à l'individu qui
n'a pas su diriger son existence qu'à celui qui a
fait sa vie grande et belle ? Ne serait-ce pas une
flagrante injustice que de mettre au même niveau
les peuples de vrai courage et de vraie intelligence
et ceux qui se témoignent respectueux de la servitude et amoureux du sophisme ?

Quels que soient d'ailleurs les arguments qui
puissent alimenter les polémiques autour de ce
problème particulier, il est un fait qui demeure à
l'abri de toute contestation : la situation des
peuples latins dans le monde a fortement décliné.
Un simple regard jeté sur le monde suffit à l'éta-

blir. La position actuelle de l'Espagne, naguère prédominante, lorsque le principe d'où découle sa vie morale avait toute sa force dans le monde, et annihilée aujourd'hui que d'autres vérités dominent la vie des peuples, me semble d'une éloquence amplement persuasive. L'Autriche, catholique et romanisée, semble n'attendre que le fossoyeur. L'Amérique latine, avec des institutions presque semblables à celles de l'Amérique anglo-saxonne, végète et croupit. La misérable Italie, la terre classique de l'art et de l'héroïsme, ne jouit à cette heure que d'une existence précaire. Le Portugal, jadis prépondérant sur mer, ne compte plus.

Pour ce qui est de la France, la diminution de sa puissance et de sa vitalité, pour être moins évidente peut-être, n'en est pas moins vraie. Vis-à-vis de ses « sœurs latines », sa position est certes prédominante. Mais vis-à-vis d'elle-même ? Qu'est-elle en comparaison de ce qu'elle fut ? Elle fut, il y a deux siècles, la nation d'avant-garde en Europe, et cela, malgré ses revers, sa misère intérieure, l'ineptie et l'indignité de ses souverains. La Révolution ne fit qu'affermir son prestige. Les victoires napoléoniennes imprimèrent en traits de feu dans la chair européenne la marque de la primauté française. A cette minute la France triomphe, brutalement, incontestablement. Aussitôt le déclin s'inaugure. La série de révolutions et de réintronisations, avortées, chaotiques, éphémères, qu'est l'histoire du XIXe siècle français, use la nation, la rapetisse, l'éteint, en établissant la preuve publique de son impuissance. La défaite écrasante d'il y a trente ans ne fut que la démonstration, effectuée au grand jour, d'une vérité depuis longtemps soupçonnée, à savoir que la France n'avait plus aucun droit de donner des ordres en Europe. Et il apparaît bien aux regards conscients que l'inauguration d'un régime nouveau, qui a subsisté jusqu'à nos jours moins par volonté que par lassitude, et qui ne constitue encore qu'un essai — car il n'est nullement prouvé que les sociétés latines soient *capables* de s'adapter définitivement et réellement à un régime démocratique moderne — ainsi que l'acquisition d'avantages récents, n'ont guère amélioré au fond la situation française. La position qu'aujourd'hui la France occupe dans le monde n'est, au point de vue général, que de second rang, et en beaucoup de points de détail, bien moindre encore.

Telle est donc la courbe d'évolution parcourue. Maintenant, au début du XXe siècle, après tant d'entreprises avortées et d'espoirs naufragés, il apparaît assez nettement déjà que l'épopée napoléonienne fut comme l'ultime et foudroyante minute de suprématie de la nation et de l'idée françaises, quelque chose comme la dernière flamme gigantesque d'un bûcher qui ne pourra plus désormais brûler qu'à petit feu. A cet égard, Napoléon, type du conquérant antique, de l'homme d'action infécond et théâtral, accomplie seulement pour la beauté du geste, malgré la prétendue propagande révolutionnaire de ses armées et de ses victoires, s'élève, à l'horizon de l'histoire contemporaine, comme la dernière incarnation formidable du romanisme condensant toutes ses forces pour étonner et renverser une dernière fois le monde, avant la chute irrémédiable. Daudet avait, nous dit-il, conçu le plan d'un « Napoléon, empereur du Midi » : ce titre est éloquent, car le Corse, devenu empereur des Français grâce à la Révolution, s'est avéré, en même temps qu'être très réel, un symbole du suprême effort latin accompli en vue de reconquérir au Midi l'empire du monde. Mais le Nord, qui avait intérieurement raison contre les soldats de la Grande-Armée, fut finalement le vainqueur. Philarète Chasles a également compris la signification profonde du personnage : « Le dernier représentant de l'élément romain parmi nous fut ce sublime organisateur disciplinaire, Napoléon, l'homme du Midi par excellence..... C'est contre le monde germanique dont il prévoyait l'ascendant que Napoléon s'est armé ; il continuait ainsi Charlemagne qui a violemment suspendu la terrible invasion saxonne du IXe siècle. Il continuait aussi les papes, guides de la civilisation méridionale au moyen âge, en même temps qu'ils furent l'expression du Midi et de la nationalité italienne armés contre les empereurs germains, contre les chefs du Nord et de la domination barbare. »

La minute où Wellington et Blücher se serrèrent la main sur le champ de bataille, après avoir porté le dernier coup à celui qui fut le suprême *representative man* du monde latin, le dernier grand champion du romanisme dans le monde, un nouvel ordre de choses commença vraiment en Europe. Car c'est alors que la suprématie *effective* passa du Midi au Nord.

La chute napoléonienne consommée, l'ombre peu à peu s'appesantit sur la France, tandis que s'affirme et s'élargit la place au soleil des peuples germaniques. Rapidement elle est distancée, et se replie dans sa mélancolie et sa lassitude. Il serait malaisé de ne pas juger le dernier siècle — un siècle magnifique, prodigieux, d'expansion humaine, de conquêtes mentales, et de progrès de tous ordres réalisés, si l'on considère l'humanité dans son ensemble — une ère de désastres et de brusque déclin pour la France en particulier. Ce merveilleux xix° siècle, âge d'épanouissement de la civilisation occidentale, demeurera aussi, dans l'estimation de l'avenir, le siècle de la décadence latine, c'est à dire de la défaite définitive de l'esprit oriental en Europe.

Ce prestige que malgré sa défaite sur le terrain de l'action, le monde latin n'a point encore perdu tout entier, nous croyons qu'il le possède précisément en raison de son impuissance effective et de son inaptitude pratique. Il est demeuré comme le grand champ d'idéalisme du monde. L'attirance et le charme qui s'en exhalent font naturellement converger vers lui tout ce que le monde contient d'amoureux de l'irréel, de l'imprécis, du rêve, de la tradition, tous ceux que fatiguent ou auxquels répugnent l'action et la réalité, — qui forment en général la trame de l'existence forte et saine, sérieuse et consciencieuse des peuples septentrionaux. L'universel scepticisme, la facilité de vivre, l'esprit, les mœurs, le goût qui y règnent en font comme le *play-ground* du monde. Le monde latin est un monde-femme. Il attire comme attire une femme, je veux dire une femme qui séduit moins par le simple attrait normal de son sexe que par ses caprices, son étrangeté, son illogisme, sa faiblesse, son effluence de sentimentalité et de charme équivoque. Son caractère séduit par ce qu'il contient de non-viril, de non-brutal, d'indifférent, de facile, de léger, d'en dehors de l'âpre vie. C'est là le fond du charme latin. Ajoutez à cela son extrême maturité, si séduisante pour les peuples enfants et adolescents, ou même virils, — ce parfum de maturité qui attirait comme magnétiquement le Barbare des premiers siècles vers l'empire romain. Il y a enfin le prestige du passé, l'un des plus tyranniques qui soient, et qui lui conserve la sympathie de tous ceux qui ont l'horreur ou la crainte du présent. Cet amas de traditions, de culture, de richesses, que recèle le monde latin, l'aimante de la séduction qui s'attache aux choses vieilles et opulentes. Aux curieux, aux dilettantes, il offre un champ immense d'observations et de recherches. Charme de ce qui est en dehors de la vie, prestige de ce qui est du passé, tel est bien le secret de ce rayonnement spécial que possède le monde latin parmi les peuples.

Pour se donner à soi-même l'impression juste et vive de ce que représente la civilisation latine dans le monde contemporain, il suffit d'une très simple expérience : sortir du monde latin et l'envisager du dehors. L'impression qu'instinctivement on éprouve alors est révélatrice. D'Angleterre, par exemple, considérez les choses de France, l'ensemble de la civilisation, de la vie, de l'idée françaises, à un point de vue tout à fait général, non de détail : de là, vous ressentirez à peu près la même impression que si de France vous envisagez l'Espagne. Et si, du même point extérieur, vous considérez ensuite l'ensemble du monde latin, vous éprouvez l'impression de quelque chose de très distinct, de très lointain, de très ancien et de très inactuel ; vous sentez l'Orient, vous flairez ce parfum très spécial et qui n'a point de nom — parfois délicieux, parfois nauséabond — qu'exhale le latinisme. Vous distinguez très nettement ce qu'il contient d'anti-occidental, d'anti-moderne. Alors ce sentiment vous saisit, avec la force et la clarté des choses indubitables, que ce coin de terre en qui se concentra la civilisation d'hier, poursuit à l'écart du grand courant de vie active du monde moderne, du monde qui sourdement travaille, s'efforce et progresse, une existence anachronique, que caressent, sans la pénétrer, les rayons du grand soleil.

C'est qu'en effet il y a des régions qu'en sa révolution le soleil de la civilisation et de la grande vie sociale laisse dans l'ombre, et la région méditerranéenne est actuellement une de celles-là. L'axe de la vie du monde s'est déplacé, et l'évolution présente de l'humanité est en train de s'accomplir *en dehors* — et, pourrait-on ajouter, *en dépit* — du monde latin.

L'AVENIR

LES CONDITIONS DU SALUT

Nous n'avons pas essayé, au cours des pages qui précèdent, d'atténuer l'expression de notre sentiment pessimiste à l'égard du monde latin. De telle sorte que le lecteur qui ne s'aventurerait pas plus loin, serait fondé à croire que notre critique est purement négative et qu'elle ne comporte aucun espoir.

N'y a-t-il donc pour les peuples latins, apparemment en proie à une destinée supérieure au vouloir humain, qu'à se coucher à l'ombre pour mourir ou à tirer de la vie le maximum de jouissances qu'elle puisse donner dans l'indifférence totale du lendemain, jusqu'à ce que l'engourdissement ou quelque catastrophe les ait rayés du monde des vivants ?

Cela serait une solution, qui pourrait même comporter certains avantages. Mais au moins faut-il observer qu'il en est une autre.

Malgré l'extrême gravité des symptômes que nous avons constatés, malgré la lassitude et l'épuisement intimes que l'œil d'un observateur découvre au sein des sociétés latines, et quelque illusoire que puisse apparaître à certains l'espoir d'un renouveau, il serait absurde, il serait criminel de nous avouer vaincus, sans tenter, *une fois pour toutes*, d'employer les remèdes adéquats à la situation.

Car ces moyens de salut, ne l'oublions pas, *n'ont jamais été employés jusqu'ici*, je veux dire dans leur intégrité et leur rigueur. Jamais encore, dans tout le cours d'une existence féconde en troubles, en bouleversements, en péripéties bruyantes et en crises déchirantes, les peuples latins n'ont entrepris de pleinement appliquer à leur situation les remèdes que le simple bon sens suffit à leur prescrire. Jamais ils n'ont fait un effort à la fois *réel, intelligent* et *soutenu* en vue d'éliminer le poison qui est en eux le principe de leur impuissance. Toujours leurs tentatives en ce genre furent incomplètes, à rebours, momentanées, spasmodiques ou puériles, toujours *inadéquates* au mal.

Et cela parce qu'ils n'ont jamais été pleinement conscients de leur état véritable, et, par suite, des exigences qu'il imposait.

Donc il vaudrait la peine de tenter une bonne fois l'aventure : ce serait là tout au moins une « belle espérance », comme s'exprime Platon au sujet de l'immortalité de l'âme.

A ce propos, si une vérité semble désormais

acquise et fixe, c'est que les peuples latins, en se perpétuant tels qu'ils sont actuellement, c'est à dire en conservant leurs principes, leurs manières de sentir, leurs habitudes et leurs consciences, ne parviendront à rien d'assuré, quelques voies qu'ils prennent pour regagner le terrain perdu, et que tout moyen qui consisterait à opérer sur une partie seulement de leur organisme ne serait ni plus ni moins efficace que les précédents essais. Il en est une autre qui me paraît également claire, c'est qu'ils ne trouveront pas d'eux-mêmes le remède indispensable. Je veux dire que le salut ne surgira pas de la volonté collective, puisque c'est précisément la volonté qui est la faculté la plus atteinte chez eux. La preuve qu'ils sont impuissants à opérer par cette voie leur salut, les avortements successifs de leurs tentatives l'ont surabondamment établie.

Assurément il serait vain d'espérer qu'on pût réveiller chez un peuple ses énergies primitives, ensevelies sous vingt siècles d'histoire.

Le salut ne pourrait venir que par une autre voie.

Il reste cette expérience à faire, la dernière à laquelle on puisse avoir recours, à l'égard de peuples parvenus à un tel point : tenter de les *recréer*.

De les recréer en quelque sorte scientifiquement, de les remettre à la fonte.

Par une dure et impitoyable opération, tra-
vailler à leur refaire un *nouveau corps* et une
nouvelle conscience. Tirer du vieil être, remis
au creuset, un être nouveau, avec des capacités
physiques, des idées et des sentiments nouveaux.

L'opération devrait être tentée par l'intelligence, l'intelligence pure et simple. Une intelligence toute-puissante, celle d'un homme ou d'un
comité, peu importe : mais elle exigerait une
sorte de dictature de l'intelligence.

Nous constations tout à l'heure que les peuples
latins sont demeurés en deçà du monde moderne.
Il s'agirait de les y faire rentrer, par cette opération bannissant tout sentimentalisme et allant
droit au vif des problèmes, que nous n'apercevons
pas ou autour desquels nous piétinons impuissants.

Pour que cette possibilité survînt, il faudrait
tout d'abord qu'en chacune des nations latines
— en l'une d'elles tout d'abord, car l'exemple,
s'il était concluant, serait aussitôt suivi — un
homme ou un groupe d'hommes parvînt à la
conscience profonde, absolue et nette de l'état de
son pays et des remèdes qu'il exige. Il faudrait
ensuite qu'il établît une sorte de programme de
l'œuvre à accomplir. Il devrait aussi posséder
une volonté assez infrangible et un esprit assez
délié pour le faire appliquer. Il serait enfin nécessaire qu'il trouvât les moyens pratiques de le
réaliser.

A supposer que de semblables éventualités se produisent, que devrait contenir ce programme ?

Le caractère général en serait d'être un programme *radical*. J'ose à peine faire remarquer que radical vient de *radix* et signifie « qui va à la racine » ; je ne commets ce truisme qu'à la suite d'une constatation quotidienne de la pauvre, grêle et malheureuse signification qu'on attribue à ce mot dans la vie politique courante et du caractère essentiellement vague, mesquin, pusillanime et cortical du parti auquel il sert d'étiquette. J'entends par un programme radical un programme suivant lequel le travail à effectuer sur le corps et l'esprit des sociétés latines serait repris à la base, au fondement, à l'a b c, pour ainsi dire ; où les mots n'usurperaient pas la place des idées ; où les idées seraient fermes, logiques, essentielles, conséquentes, liées entre elles, formant un bloc ; un programme, en un mot, qui correspondrait légitimement à son étiquette.

Il devrait contenir le plan d'une triple réformation, *physique*, *morale*, *mentale*, et dans chacun de ces domaines apporter des solutions adéquates aux problèmes capitaux qui s'y rapportent ; des solutions inspirées par la même conception occidentale et moderne, se rattachant toutes au même esprit d'anti-romanisme. Le principe du programme serait de ne reconstruire qu'avec

des matériaux neufs, c'est à dire avec une génération prise au berceau, et de ne raser que ce qui
ne peut absolument pas subsister. Mais, avant
tout, il faudrait que soit nettement établi le caractère essentiellement interne, silencieux et pacifique de cette révolution et que soit ruinée la
conception séculaire selon laquelle une révolution
consiste à élever des barricades et à faire le coup
de feu au coin des rues. La méthode à employer
serait donc l'inverse de celle de la Révolution
française. Pas de cris, pas de guillotines, pas de
discours : des actes, du labeur utile, une énergie
invisible, mais soutenue. Il n'y faudrait que l'in-
tervention, au besoin, de la force, mais silencieusement et vigoureusement — la force qui presque
toujours est employée à contre-sens. Une révolution de ce genre serait une simple rentrée dans
l'ordre par le lent, graduel, intense renouvellement intérieur. Elle nécessiterait de l'intelligence et de l'énergie plutôt que de la poudre et
des hurlements.

Il ne faudrait donc pas croire que nous préconisions une seconde Terreur, une édition nouvelle du Comité de Salut public, avec son corol-
laire d'échafauds dressés en permanence. Rien
de cela. Nous ne demandons pas un renouveau
de Jacobinisme. Ce n'est pas une réforme par la
« sensibilité » comme au XVIIIe siècle, dont nous
parlons, mais par l'intelligence. Le prix du ra-

chat ne serait pas le sang versé rituellement comme en holocauste aux dieux irrités, mais l'effort austère, inflexible, continu sur soi-même. L'énergie ne se prouverait pas dans l'immolation humaine, mais dans la création et la reconstruction. Il ne s'agit pas non plus de l'imbécile et lâche appel au « sauveur », formulé par tous les partis de réaction.

Cette dictature de l'intelligence, ce serait la lutte du cerveau conscient contre le *fatum*, de la volonté contre la destinée. Il y faudrait beaucoup de franchise et point de sentimentalisme.

De cette lutte non sanglante, de cette refonte méthodique et scientifique d'une race sous la direction d'une intelligence nette et réaliste, impitoyable et sûre d'elle-même, pourrait naître le salut. C'est du moins le *dernier recours*.

Pour mettre fin à l'état de choses présent et enrayer le déclin, pour que la possibilité d'un renouveau durable pût être envisagée avec vraisemblance, il faut que soit extirpé de notre chair et de notre conscience tout ce que nous devons à nos origines romaines, et que nous vivions une autre existence purifiée de tout ce qui, à l'heure présente, nous corrompt. Il faut nous *délatiniser* — ou mourir.

Quand le câble qui nous relient aux rivages antiques sera coupé, nous voguerons..... peut-être. En tous cas, pour obtenir le libre accès sur l'océan du monde, il faut trancher le lien.

LA RÉFORME PHYSIQUE

Le point de départ de l'œuvre à réaliser, la base du nouvel édifice, ce serait la reconstruction physique de la race.

Il n'y a pas de partie dans l'œuvre de réforme plus importante que celle-ci ; elle est à la racine de tout et la condition *sine quâ non* du travail ultérieur. Avec des corps faibles ou malsains rien d'important ni de durable ne peut être accompli. Toute entreprise, si splendide qu'elle fût, croulerait sans un fondement large, solide et sûr de santé et de vigueur corporelles. Tout acte humain est fondé sur la chair. Les élans les plus spirituels de la vie d'une société sont étroitement liés à la vie des corps.

Les peuples latins sont physiquement affaiblis et dégénérés. Ce sont des peuples qui s'étiolent et s'abâtardissent. Le sang n'est plus assez riche chez eux. Leurs muscles se sont atrophiés, alors que leurs nerfs s'hypertrophiaient. Ils n'ont plus les capacités physiques, le fonds de santé indispensable pour constituer de grands peuples. Ils ont besoin d'être assainis et invigorés.

On ne saurait exagérer l'importance qu'il y a pour une nation à être, en dehors de toute autre considération, de forte et saine constitution physique. La santé, on pourrait dire qu'elle est la vertu capitale des peuples. Quand vous verrez un peuple composé d'individus aux corps sains et vigoureux, quels que soient sa condition, ses limitations ou ses vicissitudes, ses défauts ou ses entraves, ayez confiance en lui. Un peuple sain est un peuple fort, virtuellement au moins. Les plus vastes possibilités sont en lui. Il possède la richesse des richesses, celle dont toutes les autres procèdent par une naturelle évolution. C'est dans les assises physiques de l'être que gît la mystérieuse raison des victoires humaines.

Le premier article du programme tendrait donc à créer une génération physiquement vigoureuse.

Pour parvenir à ce but il y a divers moyens. Le plus direct serait la constitution de la puériculture en une science véritable.

Il faudrait que, dès sa naissance, l'enfant fût corporellement élevé suivant des méthodes entièrement nouvelles, à substituer aux pratiques empiriques des mères, imbues d'erreurs et d'ignorance traditionnelle touchant le premier développement de l'être humain. Il existe des lois et des principes aussi sûrs pour déterminer la vigueur d'un enfant — en dehors bien entendu de ses dispositions héréditaires — que pour produire une plante robuste et belle. Ces lois et ces principes il les faudrait recueillir, les relier entre eux, en faire un tout et les appliquer. Des écoles et des instituts où on enseignerait la puériculture théorique et pratique — comme on enseigne aujourd'hui l'agronomie ou la chimie végétale — seraient la première œuvre à créer ; en même temps qu'on publierait et répandrait des manuels, mettant à la portée de tous ceux qui ont charge d'éducation, les connaissances pratiques nécessaires. La présence à ces cours devrait être obligatoire pour les mères, ou plutôt pour les futures mères, responsables devant la collectivité de l'inintelligence des soins donnés à l'enfant. Le mariage serait interdit à ceux qui ne posséderaient pas une connaissance suffisante de la science de l'enfant.

Qu'on songe aux méthodes précises, aux soins scrupuleux qui président à l'élevage des chevaux ou des chiens de prix, par exemple, ou même à la culture des plantes rares. De ce côté-ci rien n'est laissé au hasard. Pourquoi, lorsqu'il s'agit d'êtres humains, la même logique n'est-elle pas observée ? Pourquoi ne pas accorder à notre progéniture la même attention que nous mettons à créer des espèces perfectionnées de moutons ou de chrysanthèmes ? En cette matière presque tout est abandonné à la chance, à la routine, à l'ignorance, en dépit de la meilleure volonté possible et de l'ardeur des amours maternelles. Or rien, — affection, bonté, intuition et prescience de mère, traditions de famille — ne peut remplacer les connaissances précises requises en un tel cas. Une science ne s'invente pas. Il faut l'acquérir. Suivons au moins l'humble exemple, si admirable, des fourmis : suppléons au manque d'instinct par l'intelligence. Il faudrait que les mères considérassent comme le complément intellectuel indispensable de leur œuvre de nourrice, l'acquisition de cette science, et qu'à cet effet on leur fît sentir leur devoir. L'intelligence devrait être une part de l'amour en matière de maternité, et le cerveau maternel s'égaler par la compréhension à l'œuvre de la nature.

Des comités médicaux devraient surveiller l'œuvre des mères. L'enfant leur étant périodiquement présenté, ils suivraient le processus de sa croissance, constateraient la rigueur des soins donnés et des méthodes suivies, conseilleraient, expliqueraient, rappelleraient à l'exécution des décrets. Des concours seraient organisés et des primes instituées, par lesquels l'intelligence des mères serait mise en valeur et recevrait des récompenses et des avantages sociaux.

Vers ce point d'importance fondamentale, une bonne part de l'intelligence nationale et du souci social devrait converger. Ce serait comme une haute expérience d'élevage à laquelle la nation tout entière serait intéressée et participerait en une certaine mesure. Ce serait l'assise première d'où dépendrait la stabilité de l'édifice futur.

Après le nourrisson, ce serait à l'enfant et à l'adolescent que s'adresserait l'attention de l'intelligence réformatrice. Ici la besogne devient plus complexe par l'adjonction de l'élément intellectuel — dont nous parlerons tout à l'heure — à l'éducation qui n'est que nourriture. Néanmoins le but serait le même : constituer des corps vigoureux, des organismes normaux et puissants, emplis de cette grande vie animale dont dépendent la vie morale et mentale. Tout d'abord une moitié du temps actuellement employé à la culture du cerveau serait consacrée au développement physique. Les méthodes appliquées à cet effet seraient purement rationnelles et scientifiques, comme celles qui président à l'entraînement des athlètes. Sur ce terrain encore, bien qu'il y ait à compter avec les individualités déjà saillantes, il y a des lois générales absolument fixes et codifiables auxquelles la collectivité peut se soumettre sans craindre d'opprimer les originalités.

Comme première mesure en cette fraction de l'œuvre, tous les établissements d'instruction seraient transférés en dehors des villes. L'enfance exige impérieusement l'air et le libre espace.

Cette folie cesserait donc d'exposer l'enfant aux poisons de l'atmosphère urbaine, à l'âge où son organisme, fondement de toute sa vie future, se constitue, et de le confiner en des salles closes et empestées, au mépris du plus élémentaire bon sens. L'homme doit vivre son premier âge, comme l'humanité l'a vécu, dans la nature.

En dehors du plein air, les moyens principaux mis en œuvre dans cette pédagogie seraient la gymnastique et l'eau froide. Sur des organismes ataviquement prédisposés à la neurasthénie, l'eau froide, appliquée méthodiquement, habituerait les nerfs au calme et fortifierait les chairs, tandis que la gymnastique constituerait une charpente et des muscles solides — sans parler du caractère, de l'endurance et de l'activité augmentés et endurcis. Il n'y aurait d'ailleurs en cette matière qu'à s'inspirer de l'éducation grecque, corrigée et complétée par les méthodes modernes de gymnastique. Il faudrait restituer au gymnase son rôle normal dans l'éducation. Dans cet entraînement physique serait compris l'enseignement d'un métier. Chaque enfant devrait apprendre à se servir de ses mains, à faire œuvre d'ouvrier.

Cette part de l'éducation, pour être féconde, ne devrait pas être conçue comme un simple divertissement, comme une pure récréation, au point de vue étroitement sportif, qui est de règle en pays latin. Il faudrait qu'elle fût considérée comme une part (la moitié) *positive*, et non négative, égalant, sinon surpassant en importance, la culture intellectuelle. Ce qui ne signifie nullement que l'entraînement physique serait empreint d'un caractère morose et contraint : tout au contraire. Je veux dire qu'il devrait être pratiqué dans un esprit sérieux, attentif et croyant, dans la pleine conscience de la supériorité foncière que crée à l'être humain la possession d'un organisme parfait.

Hors de l'éducation, il serait nécessaire d'entretenir, dans la nation même, l'idée de la santé et de la force comme base nécessaire de l'existence de chacun. Il ne faudrait pas perdre une seule occasion de mettre en valeur le normal épanouissement du corps masculin et du corps féminin ; cela, bien entendu, en dehors de tout cabotinage, de toute parade purement athlétique et professionnelle, mais simplement et naturellement. Dans le public il faudrait aussi faire appliquer le principe de la douche, pour lutter contre la prépondérance du système nerveux, et pour remédier en même temps à la malpropreté physique habituelle aux méridionaux. L'hydrothérapie pourrait remplir un rôle énorme dans la reconstitution des peuples latins. La refonte complète de l'hygiène, s'étendant à toutes les ramifications de la vie sociale, publique et privée,

serait également indispensable. Il faudrait codi-
fier une hygiène de l'habitation et la faire appliquer scrupuleusement. Il faudrait largement
assainir les villes et se décider à certaines mesures radicales, telles que la prohibition de
l'alcool. Il est clair que ces différents moyens ne
sont consignés ici qu'à l'état d'indications, incomplètes, embryonnaires et non reliées entre
elles : c'est une œuvre bien plus vaste encore
qui serait à réaliser.

Ce mode de reconstitution physique de la race
par un travail opéré sur l'ensemble d'une génération naissante serait un moyen, le premier qui
s'offre à la pensée. Peut-être serait-il préférable d'avoir recours à une autre méthode, plus
sûre. J'entends parler de l'opération appelée sélection artificielle, systématique ou raisonnée
— par opposition à la sélection qui s'opère d'elle-
même au sein de la nature — ou plus communément sélection, et qui est sérieusement considérée dans les pays anglo-saxons.

On sait en quoi cette œuvre consiste, en ses
grandes lignes du moins. Le sélectionnisme pré-
conise la formation d'une humanité, d'une race
ou d'une nation nouvelle au moyen de procédés
rigoureusement scientifiques, en vue de lutter
contre cette sélection à rebours qui s'opère à peu
près partout sur le globe et qui semble constituer
un péril sérieux pour l'espèce. Un sélectionniste

américain définit la doctrine : « Tous les arrangements conscients et intentionnels entre hommes
et femmes qui ont pour but précis les caractères
de leur progéniture ». C'est, dit un médecin anglais, « une ségrégation obligatoire dans le but
d'éliminer quelques-uns des défauts de la race ».
Suivant les sélectionnistes, les moyens à employer diffèrent. Presque tous demandent que la
reproduction des individus inférieurs ou tarés
soit arrêtée, soit par l'interdiction légale, soit
même par la castration, la relégation ou la mise
à mort. Ceux qui estiment inconciliables avec nos
sentiments de civilisés de telles pratiques, sont
d'avis qu'on facilite simplement la disparition de
ces individus, par exemple en les attirant au
moyen d'avantages dans certains centres de déchéance, où le moyen de satisfaire les vices qui,
le plus rapidement détruisent l'homme, seraient
mis largement et gratuitement à leur disposition. Ceci ne constitue que la partie négative
de l'œuvre. La partie positive consiste à favoriser
de toutes façons les unions entre les sujets héréditairement ou anthropologiquement supérieurs
(suivant le but exact poursuivi), entre « eugéniques », soit en les constituant en une caste séparée des autres groupes de la nation, soit en
désignant des reproducteurs — qui seuls travailleraient à la perpétuation de l'espèce — soit
même en ayant recours à la fécondation arti-

ficielle. Si divers que soient les moyens préconisés, ils convergent tous vers ces deux buts essentiels : l'improductivité des individus tarés et l'union des individus supérieurs.

Dans le cas dont nous nous occupons, et en laissant de côté toutes les mesures de violence, il semble qu'une opération assez simple en elle-même pourrait suffire à transformer l'avenir d'un peuple. Il s'agirait d'instituer une sélection restreinte, mais intensive. On choisirait au sein de la nation un certain nombre d'individus des deux sexes du type supérieur et héréditairement purs de toute déchéance physique. Des couples étant constitués, ils seraient mis sous la tutelle de l'Etat, qui les ferait bénéficier de faveurs suffisantes pour les retenir, et soumis à une hygiène, à une alimentation, à un entraînement et à un genre de vie spécial, sous la direction et la surveillance de l'autorité. Sur ce groupe d'êtres d'élite, dont la descendance formerait comme le noyau d'un peuple nouveau, on reporterait une bonne partie du soin accordé de nos jours aux individus inférieurs et tarés. En avantageant les forts aux dépens des faibles, on provoquerait la rapide décroissance de ces derniers. Les enfants sortis de ces unions seraient élevés en commun par l'Etat suivant les méthodes les plus strictes et les plus perfectionnées. Eux aussi seraient plus tard l'objet des faveurs de l'Etat, remplissant peu à peu les places laissées vacantes par l'élimination des individus inférieurs. Si, pendant un nombre d'années suffisant, une telle opération était effectuée, avec un contingent périodiquement renouvelé de couples reproducteurs, on arriverait fatalement à constituer un peuple nouveau, sur une base de santé et de force qui permettrait à la nation de fournir une nouvelle période d'existence.

Ce serait là une simple opération d'élevage, parfaitement réalisable, de résultats plus sûrs et beaucoup plus rapides que notre première méthode. D'ailleurs les résultats obtenus par les horticulteurs et les éleveurs sont là pour nous prouver ce que peut une sélection raisonnée. En cette méthode, il n'y a donc nulle part d'utopie. On ignore généralement quelles larges possibilités gisent en ce terrain absolument vierge. Comme le remarque judicieusement M. Vacher de Lapouge — auquel nous avons emprunté les détails ci-dessus — il faudrait créer un *Man-book*, comme nous avons de nos jours un *Stud-book*, enregistrant la généalogie des individus sélectés. Il ne s'agirait, je le répète, que de tenter sur l'humanité ce qu'on pratique couramment de nos jours sur la plante et l'animal — c'est à dire de rapprocher l'humanité du milieu terrestre, en cessant de considérer, suivant l'idée chrétienne, l'animal humain comme un être surnaturel ayant ses racines dans un ciel de fiction.

Que l'on ait recours à l'un ou l'autre de ces procédés, ou même à un troisième, qui pourrait être meilleur encore, le but à atteindre demeure identique : la reconstitution physique de la race sur une base de santé et de force, la création méthodique et scientifique d'un animal humain normal et vigoureux, et rien autre. Tant que la race ne sera pas réinvigorée, nulle réforme n'aura de fondement assuré. La conquête de la santé et de la force, c'est la condition primordiale de l'avenir latin, ce dont personne, soit dit en passant, n'a l'air de se douter ici. Pour édifier un monde moral et un monde mental nouveaux, il faut avant tout des corps capables de les supporter. Des faiblards et des neurasthéniques, des malingres et des avariés en seraient incapables. Il faut des charpentes massives, des organismes résistants, pourvus de la qualité de sang et du développement de muscles qu'exige la vie normale.

Cette refonte physique de la race aurait pour résultat de réintégrer l'homme des nations latines dans la nature, dans le grand courant de nature auquel participe tout ce qui vit sur la planète. Toute l'infériorité du monde latin provient de ce qu'il a rompu ses attaches naturelles avec la terre, s'atrophiant à l'écart et se pervertissant en un monde sophistique. Pour renaître, il lui faut son fondement indispensable de nature, après qu'il aura rejeté le fardeau de ses tares et qu'il se sera replongé comme en une fontaine de Jouvence. Il doit effectuer sa rentrée dans la réalité, dont toute son existence passée et présente affiche le dédain. Rentrée dont la réforme physique de la race constitue la première phase, la plus significative.

LA RÉFORME MENTALE

Après le travail opéré sur les corps, travail fon-
damental et primordial, rien ne le cède en importance à l'œuvre de l'enseignement. Il faudrait une
refonte mentale parallèle à la refonte physique.

J'entends parler, ici encore, d'une œuvre radicale, et non de remaniements dans les programmes ou de changements dans les méthodes.
Il s'agirait de jeter par terre l'édifice entier de
l'enseignement et de reconstruire sur des bases
nouvelles, suivant les besoins de la race et de l'é-
poque.

Sur ce terrain nous rencontrons tout d'abord
un point à éclaircir. Je veux parler de la question
de la « liberté de l'enseignement ».

Il n'est pas besoin d'être grand clerc pour découvrir le sophisme que recouvre cette formule
retentissante, sur laquelle tant d'esprits s'hypno-
tisent, et qui est bien l'un des exemples les plus
frappants, que l'on puisse offrir, de la puissance
des mots dans les pays latins. En un milieu à civilisation normale, on ne peut pas être contre la

liberté de l'enseignement, qui est sans contredit le seul régime possible d'enseignement. Mais chez nous, que signifie-t-elle ? Le droit d'instituer, en face de l'enseignement d'Etat, adogmatique par essence, un enseignement qui le contrecarre, ou, en termes plus clairs, le droit de fausser l'intelligence de l'enfant. Il en résulte que la liberté de l'enseignement, en ce cas, n'est autre chose que la négation de celle de l'enfant. Ce mot prestigieux de liberté, qui relient tous les naïfs, signifie donc tout simplement servitude. La terminologie des peuples latins contient souvent de ces surprises.

C'est une mesure généreuse et féconde que celle qui assure la liberté d'enseigner le mensonge : mais cela suppose une société assez fortement constituée pour le supporter sans danger. Dans un milieu tel que le nôtre, c'est entretenir soigneusement le mal, arroser les racines de l'arbre empoisonneur..... L'argument qui s'appuie sur l'inabsolu des vérités qu'enseigne l'Etat, ne porte pas, car quelque perpétuelle que soit l'évolution des vérités nouvelles, il en est, dès aujourd'hui, d'assez importantes, en nombre suffisant, pour constituer le fond d'un enseignement d'Etat. Il est des vérités fixes et intangibles, qu'il suffit de grouper et de développer. Celles-ci, par exemple : la terre tourne, la graine germe, la plante croît, l'animal vit et meurt, le soleil brille

et chauffe, la pierre est un solide, l'eau est un li-
quide, l'air est un gaz, le père procrée l'enfant,
etc., etc. Faits d'une prodigieuse signification et
d'une infinie portée.

Il s'agit donc de savoir si l'avantage de conserver une formule « libérale » est supérieur
à celui de posséder une réalité de liberté, par la
fondation, en matière d'enseignement, d'un ordre
de choses franc et net. Autrement dit, il faut
choisir entre le mot et la chose. Si on désire l'a-
vènement d'une nouvelle mentalité, il n'y a qu'un
moyen : renoncer au culte fétichiste d'une formule et libérer l'enseignement de ses attaches
avec le passé. Maintenir la liberté de l'enseignement tant que les anciennes fois survivent, c'est
perpétuer le passé, en stérilisant par avance tous
les germes d'une vie intellectuelle nouvelle.

Notre programme devrait donc constituer l'enseignement en monopole d'Etat. Si celui-ci a un
droit, c'est bien celui d'organiser l'enseignement
public. S'il possède le droit exclusif d'organiser
la défense nationale, par exemple, comment
laisserait-il à d'autres l'œuvre, cent fois plus
importante, de la formation de la mentalité nationale ? Il est impossible de ne pas voir là le
plus sacré de ses devoirs, auquel correspond
le devoir de l'individu qui est d'acquérir l'instruction. L'œuvre de l'enseignement, tellement sérieuse, d'une si grave importance pour le futur,

ne devrait comporter ni erreur, ni hésitation, ni contradiction, et c'est pour cela qu'il faut absolument, dans des périodes et des milieux tels que les nôtres, un enseignement unique et substantiel, une culture moyenne et générale, cohérente, positive et ferme. L'État doit prendre en main la cause de l'enfant, écarter de lui les mauvais conseillers, le garder pur des contacts flétrisseurs, lui donner comme aliment intellectuel un enseignement de vérité destiné à l'orienter vers une vie mentale saine, normale, vigoureuse, exempte de sophismes et de préjugés. C'est seulement par une telle éducation, à l'abri de tout dogme et de toute Eglise, que le cerveau de l'enfant pourrait être sauvegardé et développé dans un sens d'intégrale humanité.

Quant à cet enseignement en lui-même, dire qu'il devrait être à peu près le contraire de ce qu'il est actuellement, c'est déjà le caractériser. Remarquons tout d'abord qu'ici nous avons surtout en vue l'enseignement secondaire, celui qui s'adresse aux fils de la bourgeoisie : l'enseignement primaire — par lequel tous sans distinction devraient obligatoirement passer — ayant besoin d'être perfectionné plutôt que révolutionné, et une instruction anté-primaire, par le moyen des *Kindergarten*, devant être introduite.

L'enseignement devrait être le contraire de ce qu'il est, en ce sens qu'il devrait consister

presque exclusivement en connaissances con-
crètes, en un enseignement de faits, non d'idées.
Actuellement les sept années d'études secondaires, comme on le sait, consistent surtout à
commenter des textes latins, grecs et français,
au point de vue de la syntaxe, de la littérature et
de la rhétorique : en d'autres termes, à ensevelir
les jeunes cerveaux sous un amas désastreux de
spiritualisme et de littérature en général médiocre, au point que les intelligences en demeurent pour toujours étouffées, incapables de
s'épanouir. Cela sous le prétexte d'orner l'esprit
et de le « former ». Le reste de cet enseignement
n'est que hors-d'œuvre auxquels l'enfant n'est pas
mis en état de s'intéresser. Si l'élève actuel ne fait
plus de vers latins, il ne faudrait pas en conclure
que la presque totalité de ce qu'il subit au cours
de ces sept mortelles années fût beaucoup plus
utile que ces antiques sornettes. C'est pourtant
là ce qu'on appelle, non sans une inconsciente
ironie : « façonner le cœur et l'intelligence de la
jeunesse », « préparer des hommes »..... D'où le
résultat normal qui s'avère, la fabrication sur
une large échelle de générations ignorantes, pré-
tentieuses, non armées, à l'esprit prématurément
vieilli et faussé, d'êtres qui, non seulement ont
perdu leur jeunesse et qui ignorent presque tout
ce qu'ils devraient savoir, mais dont le cerveau
a subi une entorse définitive. Cet enseignement

est tout au plus propre à former de bons fonctionnaires et de mauvais littérateurs, des avocats et des hommes de salon, des cerveaux faibles ou déments, des êtres délicats et souples qui passeront leur existence vide à effleurer les choses au lieu de les étreindre. On peut même affirmer que c'est l'enseignement modèle pour produire sûrement et comme mécaniquement des « fruits secs », des impuissants devant la vie. Ces longues années ravagées en de stériles commentaires, ce n'est pas là « former », mais bien déformer les intelligences, — en plus que préparer, par l'absence de culture physique qui importe plus à cet âge qu'à tout autre, des chétifs et des avortons.

L'enseignement secondaire, suivant le programme radical dont nous ne faisons que suggérer ici quelques articles, devrait être le contre-pied de celui-là : un strict minimum de littérature et de grammaire et un maximum de science, c'est à dire de connaissances réelles, vivantes, positives. Presque tout ce qui se rapporte à l'étude de la langue nationale serait réparti entre l'enseignement primaire et l'enseignement supérieur. On n'enseignerait du latin que les quelques notions indispensables concernant l'origine des langues néo-latines. Le grec serait laissé aux spécialistes de l'enseignement supérieur. En revanche, les sciences physiques et naturelles seraient l'objet d'une étude approfondie. On ferait de la biologie, de la botanique et de la chimie, comme on fait aujourd'hui de l'explication d'après les textes latins ou français.

Qu'on songe un instant à la force et à la fécondité d'un enseignement — à condition toutefois qu'il soit distribué suivant une méthode intelligente et vivante — qui serait constitué par le faisceau des grandes sciences dont l'avancement a bouleversé et révolutionnera bien plus encore le monde, — à la vigueur, à la santé et à la droiture dont ce contact intime emplirait les cerveaux d'une génération. On ne s'est habitué à considérer ces études comme sèches, arides, froides, comme réservées purement aux professionnels, que parce qu'on a tout fait jusqu'ici pour les rendre telles. Ce n'est pas ainsi que nous les envisageons. L'expérimentation et la démonstration largement pratiquées en seraient l'âme. Jamais on ne perdrait de vue le vivant et le concret. Le sol demeurerait ferme sous les pas de l'enfant et la nature serait toujours là devant ses yeux, voisine, cordiale, attrayante, réelle. Qui pourrait rivaliser en vertus éducatives avec les sciences enseignées dans cet esprit ? Serait-ce le froid et insignifiant commentaire d'un auteur latin, la lente et mélancolique dissection d'un texte français, sur lesquels les yeux et l'esprit de l'enfant se ferment de lassitude et d'ennui ?

Les sciences, dont la plupart convergent vers le problème de la vie sous toutes ses manifestations, seraient la plus réelle et la plus adéquate préparation à la vie. C'est cet enseignement vivant qui pourrait justement prétendre à former des hommes, des hommes vivants, non des pleureurs ou des parleurs, des impuissants ou des atrophiés.

Nous ne prétendons nullement à esquisser le plan de ces études : nous nous bornons à en marquer l'esprit. Il faudrait que cet enseignement, harmonieusement et savamment conçu, comprît la physique, la mécanique, la botanique, la chimie, l'anatomie et la physiologie animales, l'astronomie, les mathématiques, l'anthropologie, la géographie, la sociologie, la géologie. L'ensemble de ces sciences — dont quelques-unes seraient l'objet d'une étude approfondie alors que d'autres ne seraient qu'esquissées — constitueraient le cadre du programme. A ce fond s'ajouteraient des matières qui tiendraient la place qu'occupent aujourd'hui les sciences dans l'enseignement secondaire. L'importance de l'histoire serait réduite au profit de la géographie, plus nécessaire au cerveau latin ataviquement insoucieux du monde. La musique et le dessin seraient enseignés non plus comme « arts d'agrément », mais comme faisant partie intégrante du programme. Pendant le temps que l'élève actuel des lycées passe à ne pas apprendre une seule langue vivante, on en enseignerait deux obligatoirement, mais suivant des méthodes par lesquelles l'enfant les parlerait, les écrirait et les comprendrait couramment au terme de ses études. L'enseignement littéraire se bornerait à la lecture de quelques textes réellement supérieurs et généralement choisis en dehors de ce xviie siècle, jusqu'à ce jour entouré d'un absurde et superstitieux respect. Une histoire de l'art serait esquissée, surtout au moyen de reproductions.

La durée actuelle des études ne devrait pas être réduite ; elle pourrait même être augmentée sans crainte de surmenage mental. En effet, la moitié du temps actuellement consacré à l'étude serait partagé entre l'entraînement physique — gymnastique, jeux, promenades — et l'enseignement d'un métier manuel. Ce serait là le contre-poids nécessaire de l'effort cérébral de l'enfant. L'ensemble de cette éducation constituerait un développement harmonieux de l'être humain en vue de la vie, et l'enfant devenu homme se trouverait véritablement armé dans la lutte pour l'existence.

Pour compléter cet enseignement et pour en lier les parties entre elles dans l'esprit de l'adolescent, aussi bien que pour en tirer toute la substance, il faudrait le couronner par une philosophie des sciences. De plus, pour l'obtention des diplômes et l'accès aux principales fonctions, deux années de séjour à l'étranger seraient exigibles, d'où le jeune homme rapporterait des exemples et des méthodes destinés à élargir le champ de sa mentalité, à mûrir les notions acquises au pied des chaires de son pays, à établir le nécessaire contact entre l'étude et la réalité, avant son entrée dans la vie active.

D'ailleurs le mot d'ordre serait, à toutes les phases et dans toutes les branches de cet enseignement : le moins de mots possible, des faits, de la démonstration, des idées simples, fortes et nettes, des choses vivantes, — c'est à dire l'abrogation des méthodes désastreuses, déprimantes et stérilisantes jusqu'ici pratiquées. L'enfant ne serait nourri que d'aliments sains, concrets et substantiels, qui en feraient un vivant adapté à son époque, et non le stérile rabâcheur ou le malheureux impuissant qu'aujourd'hui nous voyons reproduit à des milliers d'exemplaires.

Un tel programme serait le moyen le plus efficace de combattre et de refouler les ataviques tendances irréalistes de la race, sa propension au rêve stérile, au sophisme, à l'illogisme, à la dialectique stérile et surannée, au culte des mots, des formes et des apparences. Ce serait là le bain de réalité nécessaire.

Selon l'idée plus haut émise de la constitution d'une élite physique au sein de la nation par une pratique intelligente de la sélection, on pourrait peut-être n'appliquer cet enseignement qu'aux pupilles de l'Etat, c'est à dire aux enfants sélectés. Dans ce cas, le maximum d'avantages sociaux devrait être accordé à ceux qui auraient poursuivi ces études. Peut-être même serait-il plus fécond — au point de vue corporel aussi bien que mental — de pratiquer conjointement les deux méthodes ; et dans ce cas les enfants sélectés constitueraient au sein de la nation, en voie de régénérescence, comme une pépinière d'eugéniques, ou, pour emprunter une comparaison à la vie militaire, comme le peloton spécial au sein du régiment.

Il y aurait une autre expérience à tenter. Si, chaque année, on envoyait dans les pays de forte civilisation ou simplement de remarquable santé physique et mentale — par exemple aux Etats-Unis, en Norvège, en Hollande, en Australasie, en Prusse, en Suisse — quelques milliers d'enfants français, espagnols ou italiens, de dix ans à dix-huit ans, qui vivraient là séparément, chacun à un nouveau foyer, mêlés à une société différant profondément de la leur, pense-t-on que, revenus au pays natal, ces adolescents tout imprégnés d'habitudes et de sentiments nouveaux, nourris d'un air plus pur et plus fortifiant, n'auraient pas sur leurs compatriotes et sur le milieu une influence décisive, qu'ils ne seraient pas comme des ferments de santé, d'énergie et d'intelligence ? Rien ne s'oppose à une tentative de ce genre, qui pourrait également se concilier avec les précédentes.

C'est ainsi que le cerveau latin, décongestionné du poids des faussetés qui l'opprime, peu à peu se délatinisant, engagé dans une voie nouvelle, se trouverait brusquement un jour devant de nouveaux horizons. L'éternel argument sophistique, dont usent les réformistes eux-mêmes contre ceux qui, bien rares, réclament une moins anachronique pédagogie, est que les nations latines — la France par exemple — ont un rôle sacré à remplir, qui est de conserver et d'exprimer l'esprit latin. Elles ne peuvent rompre avec cet esprit, héritage glorieux des ancêtres, sans déchoir. Il faut donc à tout prix maintenir ce qu'on nomme les « humanités » — apparemment parce qu'elles préparent tout autre chose que des hommes, — perpétuer l'enseignement « classique » et ses programmes surannés, sous peine de perdre sa raison d'être dans le monde. O combien étrange argument ! Les sociétés telles que la nôtre meurent d'avoir toujours suivi la voie latine, et on ne voit pas que c'est dans la voie opposée qu'il faut résolument les engager.....
Il faut précisément qu'elles rompent, dans l'ensei gnement, le lien servile qui les rattache à leurs origines, qu'elles rejettent le fardeau du roma-

.nisme qui de jour en jour fait courber leurs épaules plus bas vers la terre, qu'elles opèrent une scission nette et franche et qu'elles s'évadent de la geôle antique pour prendre pied sur le sol du monde réel et contemporain. C'est cette tradition, dont absurdement nous refusons de nous détacher, qui nous annihile. Ne pas renoncer à représenter l'idée et la culture latines, c'est à dire quelque chose qui n'a plus sa place dans le monde moderne, c'est se condamner à la plus sûre des disparitions. Tel est pourtant le sophisme dont on s'aveugle et dont on nous berne. Un enseignement de réalité, où l'on distribuerait une culture aussi anti-latine que possible, est seul capable de briser les chaînes qui nous tiennent garrottés. Il n'y aura toujours parmi nous que trop de tendances ataviques vers l'idéal latin.

Le résultat final de cette réformation cérébrale et de cette reconstitution corporelle, ce serait une renaissance de l'énergie et de l'esprit d'entreprise, résultats naturels de la vigueur reconquise et de l'affranchissement des cerveaux, débarrassés de l'enseignement néfaste qui les corrompt : tous deux étant les qualités fondamentales grâce auxquelles une nation peut envisager avec confiance son existence ultérieure, et sans quoi les dons naturels les plus précieux se prouvent à la longue n'être que de fallacieuses parures servant à masquer les défauts de l'organisme.

LA RÉFORME RELIGIEUSE

Cette double refonte corporelle et mentale des sociétés latines, fondement de l'œuvre à réaliser en vue de leur assurer un renouveau d'existence, constituerait, avec d'autres mesures que nous ne pouvons même mentionner ici, la partie positive du plan de réformation.

Toutefois la réalisation même complète de cette œuvre essentielle ne suffirait pas. Le programme exigerait une partie négative. Des corps vigoureux et des cerveaux bien trempés seraient impuissants à fonder véritablement un nouvel ordre de choses, si une mesure essentielle de sauvegarde n'accompagnait la réforme physique et intellectuelle.

Je veux parler de la purification religieuse, qui n'est en somme qu'une mesure d'hygiène morale, mais d'une importance si évidente qu'elle exige qu'on s'en préoccupe spécialement.

Nous avons assez clairement exposé notre point de vue sur cette question pour ici nous dispenser d'insister. Le catholicisme, forme moderne du romanisme, est le lien qui nous rattache à une antiquité décadente et à une conception do vie qui n'a plus de rapport avec la vie réelle du monde. L'Eglise, c'est un avatar de la Rome lointaine sur les genoux de laquelle nous fûmes bercés, de laquelle nous reçûmes nos premières impressions et nos premières idées ; elle nous retient à l'état de province spirituelle, comme naguère l'Empire nous possédait en qualité de province matérielle. Elle est comme un arbre dont le feuillage léthifère s'étend sur le monde latin, flétrissant tout ce qui vit dans l'étendue do son ombre et distillant dans l'atmosphère respirée par tous son subtil poison. C'est là le germe initial de corruption et le principe mauvais auquel on aboutit toujours lorsqu'on remonte le cours des maladies dont souffrent les grands organismes latins.

Il semble bien qu'il y ait toujours eu, quelque part dans le monde, la conscience obscure ou nette de cette nocivité suprême de la conception catholique, depuis les âges où l'esprit de critique s'éveillant inaugura le lent et héroïque labeur de rendre à l'homme une idée pure de lui-même. J'en vois la preuve dans la multiplicité des tentatives conçues ou réalisées contre la prépotence de l'Eglise romaine. Malheureusement ces tentatives, en y comprenant les plus modernes et les plus énergiques, les plus révolutionnaires et les plus sanglantes, ont toutes échoué dans notre monde. Or la raison de ceci est extrêmement simple : toujours les efforts entrepris dans ce sens furent ou maladroits, ou impratiques, ou insuffisants, ou puérils, ou éphémères, *toujours inadéquats*. Jamais, à l'effet d'extirper une chose aussi solide, massive et ancienne — qui est peut-être la chose la plus forte, la *seule* chose vraiment forte dans les pays latins, parce que c'est celle qui a la base la plus profonde — enracinée dans vingt siècles d'histoire, formidablement ancrée dans le sol, dans les consciences, dans les faits, dans les pensées et les habitudes, un plan vraiment efficace ne fut conçu. Les « radicaux » n'ont vraiment rien fait d'assez intelligent ni d'assez solide pour mériter de vaincre. Rien que de l'anodin ou du spasmodique, jamais une tentative à la fois raisonnée et soutenue. Et telle est la puissance de cette chose que les demi-mesures n'ont contre elle aucune vertu. Peut-être, à un certain moment dans le passé, à l'aube des temps modernes, aurait-on pu, par quelque mesure sagace, en restreindre tellement la nocivité qu'elle eût cessé de constituer un danger. Au point où nous en sommes, il n'est plus de recours qu'en une détermination radicale.

Il s'agirait tout simplement de décréter l'interdiction du culte catholique. Je dis « tout simplement » — quitte à m'entendre traiter de naïf — parce que je crois l'opération beaucoup plus simple qu'on ne se l'imagine ordinairement, pourvu qu'elle soit conduite par une main habile. Il suffirait pour cela d'assimiler tous les fonctionnaires du clergé séculier et tous les affiliés du clergé régulier romain aux membres d'une association non autorisée et de leur défendre l'accès du territoire, à moins qu'ils ne consentissent à rentrer dans les cadres de la vie sociale, où ils seraient soumis à une surveillance qui réprimerait chez eux toute velléité de reprendre secrètement les pratiques du culte. Tous les édifices consacrés au culte, avec leurs annexes, passeraient entre les mains de l'Etat ou de la commune. Les réunions ayant pour but l'assistance aux cérémonies catholiques seraient interdites. On ferait en sorte que toute manifestation du culte, même sous la forme la plus atténuée, fût absolument impossible sur l'étendue du territoire et qu'une fois pour toutes on s'habituât à considérer comme un délit le fait d'appartenir en qualité de ministre à une Eglise qui a, depuis des siècles, fait ses preuves de malfaisance à l'égard des sociétés.

Une telle mesure ne saurait évidemment s'effectuer sans provoquer une sérieuse résistance. Pourtant il faudrait qu'elle fût appliquée strictement, sans atténuation ni indulgence. La réussite

d'un si grand effort serait subordonnée à sa
réalisation rapide, rigoureuse et complète, quels
que soient le mécontentement et l'agitation sou-
levés. Ce serait là, nous le répétons, comme une
simple mesure prophylactique au point de vue
moral et mental, exécutée sans phrases et sans
animosité. Il serait de toute nécessité que cette
large et féconde épuration s'effectuât sans violence — je veux dire sans violence voulue — et
que tout l'appareil menaçant qui, dans le passé,
entoura les opérations de ce genre, en fût totalement proscrit. Aucun bas sentiment de vindict,
d'injure ou de cruauté, ne devrait s'y mêler. Il
faudrait bien se garder, par exemple, de s'inspirer des ignobles pratiques inventées sous
Louis XIV et Bossuet par Louvois, contre les
Huguenots, durant les années qui précédèrent la
Révocation de l'Edit de Nantes. Peut-être même
pourrait-on offrir aux membres du clergé certaines compensations sérieuses : par exemple, des
postes inoffensifs dans le pays même, au cas où
ils accepteraient de rentrer dans la vie sociale,
ou des situations à l'étranger pour ceux qui re-
fuseraient d'abandonner l'Eglise, ou bien encore
l'abandon d'une de nos colonies qu'on sacrifierait
à cet usage, compensations qui seraient de nature à réduire autant que possible l'amertume de
leur dépossession ou de leur exil. Il faut bien
penser que si, d'une part, une telle mesure

créerait, parmi les fonctionnaires romains, un grand nombre de mécontents et même d'enragés, elle ferait en revanche beaucoup d'heureux parmi les ecclésiastiques nombreux auxquels pèse un métier entrepris à l'âge d'ignorance de soi-même et de docilité aux suggestions du milieu, et qui n'y demeurent attachés que par simple respect humain ou bien parce qu'ils y trouvent les nécessités matérielles de l'existence. Ce sont ces derniers qui pourraient trouver place, s'ils le désiraient, dans les cadres de la vie civile, pour y occuper des fonctions en rapport avec leurs aptitudes. C'est probablement parmi les « fidèles » qu'en rencontrerait la résistance la plus sérieuse, parmi ceux qui s'appuient sur l'autel ou qui en vivent. Sentant leur appui disparaître, ils ne manqueraient pas de faire des efforts désespérés pour s'y cramponner. C'est vis-à-vis de ceux-là qu'il faudrait agir avec le plus d'habileté, de décision et de fermeté. L'opération devrait surtout être promptement achevée pour ne pas laisser aux sentiments le temps de s'échauffer ni de s'exalter, poussant les choses à l'extrême.

Une telle proposition provoquera des étonnements par son apparence irréalisable. J'en crois, je le répète, le succès beaucoup plus facile qu'on ne le pense, à condition que l'entreprise soit menée avec énergie et intelligence, sans précipitation, ni à-peu-près, ni coups de tête, suivant un plan longuement et mûrement conçu.

Il suffit d'ailleurs que cette opération de haute hygiène soit la condition *sine quâ non* de la réussite des autres parties du programme pour que nous en acceptions, sans commentaires oiseux, la primordiale nécessité.

S'il est une affirmation sûre, inconditionnelle, à l'abri du moindre soupçon, une vérité possédant la force d'un axiome, c'est que si les nations du Midi ne parviennent pas, par un moyen quelconque et dans un temps relativement proche, à se débarrasser de la foi romaine, on peut, dès ce jour, creuser leur fosse et préparer leur cercueil ; on peut commander les chantres, le convoi, les oraisons funèbres et les couronnes. Ceci est démontrable, presque à l'égal d'un théorème. Ou bien les nations latines expulseront le catholicisme de leur sein, ou bien elles seront dévorées par lui jusqu'à leurs ultimes fibres. Elles peuvent accomplir, d'autre part, les efforts les plus héroïques, révolutionner toutes les autres sphères de leur existence : elles n'auront rien fait. Car toutes les floraisons nouvelles de leur vie seront à leur tour atteintes et flétries par le poison demeuré en elles.

Et pour conquérir ce résultat — des nations latines purifiées de la contagion romaine — le passé nous démontre la stérilité des demi-mesures. Ainsi les meilleurs esprits préconisent la séparation de l'Eglise et de l'Etat : c'est là l'idéal de libération religieuse vers lequel tendent actuellement tous les radicaux. Quel en serait le résultat ? Tout simplement de constituer les catholiques en parti de combat. Libéré de l'attache officielle nouée par le Concordat, le prêtre, cessant d'être un salarié de l'Etat et d'être soumis à des devoirs et des égards vis-à-vis de lui, jetterait le masque et entrerait en lutte ouverte contre lui, soutenu par les ressources catholiques de toutes les parties du monde. Je sais bien qu'on pourrait se défendre contre lui et le mater à l'aide de quelques décrets. Mais il n'en resterait pas moins en état d'agitation permanente, fomentant l'émeute, entretenant un courant d'opinion hostile à l'Etat. En outre, la nocivité de la doctrine, exposée et prêchée sans entraves, demeurerait entière, perpétuant l'œuvre corruptrice, en admettant même que cette mesure affaiblît en nombre les forces romaines ; le péril subsisterait donc redoutable. On pourrait également songer à l'efficacité d'un « Kulturkampf ». L'échec fameux de la lutte énergique soutenue pendant cinq ans par Bismarck pour la défense de l'esprit allemand contre l'idée romaine n'est pas pour encourager les espoirs de ce côté : là où un tel homme échoua, qui espérerait vaincre ? L'entreprise allemande n'aboutit qu'à ouvrir une ère de persécutions. Or, la persécution a pour résultat certain et immuable d'invigorer les persécutés et de faire converger vers eux les sympathies, d'où s'ensuit un redoublement de résistance. C'est ainsi qu'échoua misérablement le grand projet du chancelier.

Parmi les esprits conscients de l'obstacle que constitue à toute réelle réformation la survivance du catholicisme, il en est un bon nombre qui estimeront inutile, sinon funeste, une mesure aussi radicale que l'interdiction pure et simple de toute pratique romaine sur l'étendue d'un territoire. Je veux parler de ceux-là qui fondent sur le temps et sur ce qu'on appelle le « progrès des lumières » un espoir absolu. Ils affirment que, l'Église perdant du terrain et les connaissances adogmatiques en gagnant chaque jour, une heure viendra forcément où la libération intellectuelle et morale sera d'elle-même effectuée, sans qu'il y ait besoin de recourir à aucun décret. Autrement dit, le bien sortira du mal, par une lente germination, par le simple jeu de l'évolution. Je ne voudrais pas contrister ces bons esprits, mais il me paraît que leur espoir est tout simplement chimérique. Je reconnais qu'à certains égards le domaine de la vérité s'élargit et que celui du mensonge se resserre ; mais de là à entrevoir une époque où tout vestige romain aura disparu des consciences, où la sécession intérieure entre l'homme et la doctrine sera un fait accompli, il y a un abîme. Le nombre des pratiquants effectifs d'un culte peut fortement décliner, sans que les idées générales dont ce culte n'est que l'émanation cessent pour cela d'exercer leur empire invisible sur les consciences. L'homme n'est alors délivré qu'en surface : au fond de lui-même et sans qu'il s'en doute, alors même qu'il se croit très sincèrement l'esprit le plus libre du monde — se parât-il de l'épithète de libre-penseur — il n'en demeure pas moins moralement un serf, dont les principes et le tempérament procèdent directement de l'Eglise qu'il combat en paroles ou même en actes. Je crois à l'inefficacité de l'*incroyance* toute pure pour triompher d'un dogme dans la réalité, non dans le livre et le discours. Je crois à la nécessité positive d'une *révolution de conscience*. J'estime qu'il est besoin d'une action soudaine, décisive, complète, de nature à clairement marquer le début d'une ère nouvelle, effet auquel n'atteindrait pas une atténuation lente, incertaine, fragmentaire.

Puisque je viens d'écrire cette formule, « révolution de conscience », je tiens à dissiper l'équivoque qu'a pu faire naître son emploi dans une étude antérieure. Ayant eu l'occasion de répéter que les peuples latins ne pourraient trouver leur salut en dehors d'une « révolution de conscience », d'une « révolution de fond », on a compris que nous préconisions leur passage pur et simple au protestantisme. Or telle n'était pas exactement notre intention. Il faut bien convenir que les pays latins, pour quelque raison que ce soit, sont d'instinct rebelles au protestantisme, et qu'en outre l'heure est sans doute passée où une nation peut adopter la Réforme, d'autres préoccupations l'en détournant. Le fait sur lequel nous insistions est purement celui d'une *révolution intérieure* — supérieure, selon nous, à une simple progression de scepticisme — d'une révolution de conscience telle que la Réforme en a été l'*occasion* pour les peuples qui l'ont adoptée. Que cette révolution s'opère au nom de principes autres que ceux invoqués au xvie siècle — ce qui est bien probable — cela ne contredit en rien notre affirmation. L'essentiel est que, le papisme et ses dogmes fussent-ils tombés en universel discrédit parmi nous, nous ne serions pas pour cela libérés, car il nous manquerait cette purification intérieure, cette rédemption des consciences, cette palingénésie morale qui se manifestèrent au temps de la Réforme, et qui en constituèrent la grandeur et la fécondité. En fait, les peuples latins de nos jours semblent se soucier fort peu de l'Eglise ; l'indifférence, le scepticisme, la satire à l'égard du catholicisme, abondent parmi eux. Et pourtant combien se prouvent-ils imbus de principes et de sentiments romains ! Ils le prouvent jusque dans leur anti-catholicisme.....

Une question se présente ici. A supposer le catholicisme proscrit, qui le remplacera ? Vous n'imaginez pas, nous dira-t-on, que la foule, privée d'églises, irait au temple, à la synagogue ou à la mosquée ? Par quoi contenterez-vous les appétits religieux demeurés sans aliment ?..... Il me semble tout d'abord que la question ne se pose pas ainsi, du moins à cette place. N'oublions pas qu'avant tout nous nous proposons ici une mesure de préservation. Lorsqu'il s'agit d'écarter de soi un danger, on pense tout d'abord aux moyens de l'écarter, sans songer à ce qui s'ensuivra. La situation actuelle exige que nous jetions bas un édifice malsain, empli de miasmes, véritable foyer d'épidémies. Il sera toujours temps d'élever la nouvelle demeure où s'abritera la pensée religieuse de générations soustraites à la contagion. Travaillons maintenant à déblayer le sol, à purifier l'atmosphère des émanations délétères dont elle est chargée, à charrier hors des voies publiques les gravats et les ruines, en un mot à rendre le milieu sain. C'est ainsi que le terrain sera prêt pour l'édifice à venir. Le travail de l'architecte et du constructeur s'effectuera ensuite.

Sans tenter ici d'esquisser le moindre plan de réorganisation religieuse, nous pourrions toutefois ajouter à l'œuvre négative prescrite l'indication d'une œuvre positive possible. Lorsqu'on passe en revue les diverses tentatives qu'ont esquissées ou éprouvées les libres esprits qui s'efforcèrent de satisfaire, en dehors de l'Eglise, l'instinct religieux des foules, on sourit à la puérilité de telles entreprises. Culte de la Raison, culte de l'Etre suprême, inconsistantes, banales et vaines abstractions de philosophes, qu'étiez-vous en face d'une Eglise énorme, majestueuse, ayant les siècles pour piliers? Des rêves d'enfant..... Rien de réel ni de pratique ne fut vraiment tenté sur ce terrain. Il ne suffit pas d'une conception de sociologue ni d'une hypothèse de philosophe, érigées en culte, pour contenter les aspirations de la conscience des foules.

Je voudrais qu'en chaque commune s'élevât ce que j'appellerais, faute d'un meilleur terme, la « maison de ville » ou la « maison commune », et qu'on pourrait, plus tard, lorsque tout danger d'équivoque serait écarté, dénommer l' « église » (*ecclesia*, le lieu de l'assemblée). Je n'entends pas désigner ici un simple avatar du pur édifice administratif, banal, froid, morose, que nous nommons hôtel-de-ville. Rien à attendre de ce côté. Mais un édifice où tout ce qui est, dans l'existence générale d'un groupe humain, au-dessus des labeurs et des soucis quotidiens, trouverait un asile et un foyer. Là, aux heures de loisir, le citadin ou le campagnard trouverait un réconfort, une distraction, une élévation et un repos. Ce serait comme le cœur de la communauté, le centre de son existence morale, la conscience du groupe. Quelques-uns penseront qu'on pourrait adapter à cet effet l'église désaffectée. Il y aurait à cela des avantages et des inconvénients. Il y aurait l'avantage d'un édifice souvent beau, situé au centre de la commune, rendu vénérable et familier par la tradition des âges. Mais il y aurait aussi le danger que l'édifice et l'atmosphère qui y flotte, que les souvenirs dont il est rempli, ne fussent plus forts que l'œuvre nouvelle et ne la fissent avorter, les âmes se trouvant reprises malgré elles par les ataviques croyances dont le reflet demeure aux pierres mêmes.

Vers ce foyer commun, modeste ou imposant, suivant les ressources du lieu, commis aux soins d'un homme vraiment humain et non d'un fonctionnaire, des attractions forceraient les curiosités, les intérêts et les sympathies. Orné et disposé avec goût, l'aspect en devrait être plaisant, intime, cordial, et l'atmosphère réchauffante, reposante, douce. Des livres y seraient mis à la disposition de tous. Quelques œuvres d'art seraient accrochées aux murailles. De la musique y serait exécutée aussi souvent que possible, avec un orgue, des chœurs. De simples causeries y exposeraient les questions qui, suivant le lieu, sont le plus près du besoin de tous. Parfois une représentation théâtrale, une exposition d'industrie ou d'art, quelques expériences scientifiques, — le dimanche, une lecture ou une allocution, de la musique, et, à certaines dates de l'année, des attractions spéciales. Des fêtes devraient aussi y avoir leur centre ou leur point de départ, bals populaires, cortèges, retraites. Les enfants surtout y seraient choyés, réunis, amusés. Les couples, en sortant de la mairie, pourraient s'y arrêter, y recevoir un présent et comme la consécration, par la communauté, de leur union.

Il faudrait, en un mot, que vers ce centre vivant chacun se sentît au début attiré à la fois par son intérêt et par son plaisir, par une instinctive sympathie ensuite. Et peut-être que de cette communion en quelque chose de supérieur à la vie quotidienne, un *nouveau lien* se formerait peu à peu entre les membres de la communauté, entre la communauté et le reste du monde, et qu'un sentiment *religieux* — débarrassé de tout l'impur élément désigné sous ce nom dans le passé — naîtrait dans l'obscurité des consciences, ramenées par la « maison commune » à l'humanité. Alors une nouvelle « église » serait née, et sur cette base de vérité et de réalité, un peuple pourrait recommencer un nouveau cycle d'existence.

Mais pour qu'une telle tentative comportât des chances de succès, il faudrait qu'une intelligence et un tact rare y présidassent. La rude et froide main du politique et du fonctionnaire ne devrait pas se sentir. Il faudrait qu'une élite s'y consacrât et qu'un pressant appel à l'initiative et aux ressources privées pût communiquer à l'œuvre la force et la vie que le seul concours de l'Etat serait impuissant à créer. Ce serait donc au plus haut point une œuvre de solidarité humaine, les mieux pourvus d'intelligence et de bonne volonté tendant aux simples, jusque-là trompés et pervertis, la main qui les conduirait à la vie vécue dans la pleine conscience de leur valeur humaine, en dehors de l'obscurité malsaine et louche des sanctuaires.

L'IMPASSE

Quelque embryonnaire que soit notre exposé du programme dont la situation particulière des pays latins exige l'application, on peut voir que les mesures indiquées constituent comme le schéma d'une triple réforme : réforme corporelle, par l'application de méthodes scientifiques à l'élevage des enfants ; réforme intellectuelle, par la substitution d'un enseignement de réalité à un enseignement d'idéalisme ; réforme morale, par l'abrogation du culte catholique et l'éveil favorisé d'une vie religieuse nouvelle.

Les opinions peuvent varier quant à l'opportunité de telles ou telles autres parties du programme ; tandis que celles-ci, étant essentielles, devraient absolument être réalisées, de quelque manière que ce fût. Elles répondent à des nécessités primordiales, qui, insatisfaites, rendraient inutiles tous les efforts parallèles ou ultérieurs. Ce sont comme les en-têtes des chapitres qui demandent à être construits et développés pour qu'un livre existe. C'est là le cadre dans lequel la force réformatrice devrait se manifester. Sur cette base solide et sûre, et sur elle seule, on pourrait construire pour l'avenir.

En dépit de son caractère rigoureusement radical, cette œuvre ne serait pas révolutionnaire au sens courant du mot. Ce serait avant tout une œuvre de *construction*, qu'accompagnerait simplement l'inévitable besogne d'exproprier les édifices sordides et d'assainir l'atmosphère par la suppression des foyers de pestilence. Il faudrait que l'effort fût non seulement vigoureux, mais opiniâtre, prolongé pendant une période suffisante pour que des résultats adéquats aux desseins conçus eussent le temps de se manifester.

Pour que ce travail austère d'une nation occupée à refondre son organisme pût s'opérer dans les conditions de sérieux et de paix nécessaires, il me semble qu'une mesure s'imposerait, urgente et complémentaire. Je ne puis m'empêcher de songer au précepte de Platon bannissant ce qu'il appelle les « poètes », et ce qu'on nommerait plus justement les sophistes, de sa République. On se rappelle cet épisode fameux qui prouve que le monde grec, au IVe siècle avant Jésus-Christ, souffrait déjà, comme le nôtre, de la maladie sophistique : « Si donc un de ces hommes habiles dans l'art de tout imiter et de prendre mille formes différentes, venait chez nous pour y faire admirer son art et ses ouvrages, nous lui rendrions hommage comme à un homme divin, ravissant et merveilleux ; mais nous lui dirions que notre État n'est pas fait pour posséder un homme comme lui ; et qu'il ne nous est pas permis d'en avoir de semblables. Nous le congédierions, après lui avoir versé des parfums sur la tête et l'avoir orné de bandelettes ; et nous nous contenterions du poète et du conteur plus austère et moins agréable, etc..... » Si jamais la nécessité apparut d'imposer silence aux sophistes et aux rhéteurs, aux parleurs professionnels, ce serait bien alors. On devrait notamment établir une taxe énorme sur la parole publique, pour que se clarifie l'atmosphère empoisonnée de rhétorique qui enveloppe le monde latin. Ce qu'il faudrait absolument, c'est une génération silencieuse. Ceux qui parlent démesurément n'ont plus de forces pour l'action ou pour l'étude. Toute grande vie comporte une part prédominante de silence. Le silence, qui favorise la concentration de la force, c'est là une des vertus positives dont les sociétés latines ont le plus besoin. L'absence ou le mutisme de l'homme des mots et des périodes, du chantre de mensonges, dénoncé par Platon, enfanterait un silence bienfaisant, qui permettrait à cette humanité en travail d'accomplir sa tâche et d'enfanter sans trouble une vie nouvelle. Après que les simples, les positifs, les non-intellectuels, les marchands, les laboureurs, les hommes d'affaires et d'industrie auraient agi d'eux-mêmes et en paix, du sein de ce monde d'action et de réalité, de nouveaux penseurs et de nouveaux poètes, d'un tout autre caractère que leurs aînés — non plus des trompeurs ni des pleureurs — surgiraient naturellement, emplis d'un souffle nouveau.

Si un tel programme était intégralement appliqué, pendant de longues années silencieuses, intérieures, laborieuses, sincères, méthodiques, jusqu'à ce que le passé fût oublié ou ne fût plus qu'un froid et inoffensif souvenir, un espoir sérieux pourrait être conçu dans l'avenir. *Alors le monde latin se serait délatinisé.* On peut même conjecturer qu'il reprendrait une place prépondérante dans le monde, après cette régénération totale de son organisme et son évasion de la phase religieuse chrétienne.

Il est vrai qu'une grave objection — dont nous avons parfaitement conscience nous-même — s'élève contre l'emploi d'un pareil moyen de salut. Chacun assurément, tant elle est naturelle, l'aura formulée dès les premières lignes.

Une semblable refonte ne pourrait être, disions-nous, que l'œuvre d'une dictature, quelque nom que prenne l'homme ou le groupe qui rédigerait le programme et le ferait appliquer. Or qui oserait préconiser une dictature ? Qui ne sentirait l'impossibilité d'avoir recours à ce mode

anachronique, criminel et fou, de gouvernement ?
Qui n'en connaît les dangers et le prix dont on le
paie ? Serait-ce la peine d'avoir fait la Révolution
et proclamé les « Droits de l'Homme » pour en
revenir aux pratiques détestables du passé ?
Et surtout qui se risquerait à tenter une dictature chez des peuples qui gardent au fond d'eux-
mêmes une si forte tendance atavique à l'obéissance, et dont on ne peut jamais affirmer qu'ils
ne sont pas à la veille de se donner un maître ?
Ce serait là pure folie..... Autant vaudrait offrir
à un ancien morphinomane, guéri de la veille,
une seringue à injection. Aussitôt pourvu d'un
chef, le peuple, repris par son ancienne passion,
s'empresserait de transformer ce dictateur temporaire en un souverain permanent — ou bien de
le renverser pour le plaisir esthétique de faire
une petite révolution. Le pouvoir appartenant à
un Comité pourrait obvier à cet inconvénient :
toutefois le souvenir du Comité de Salut public
qui aboutit à Robespierre et à Bonaparte est
encore assez cuisant. D'une manière ou de l'autre, cela apparaît comme un simple retour à la
tyrannie, négation de l'œuvre politique et sociale
de tout le siècle dernier.

En négligeant même ce point de vue et en
admettant le principe d'une réformation dicta-
toriale, l'œuvre serait singulièrement périlleuse.
Entreprendre de gaîté de cœur une aussi rude

opération, c'est avoir recours à un remède désespéré. Croit-on qu'une nation pourrait se dépouiller ainsi de tout ce qui fait partie intégrante d'elle-même sans périr ? Ce serait probablement l'achever. Ou du moins, si elle ne périssait pas au cours de l'opération, elle en sortirait si débile que le moindre de ses rivaux l'abattrait d'un seul coup. Accordons plus encore et laissons de côté ces deux objections. Étant donné qu'il en est des nations malades comme de ces névropathes qui repoussent obstinément tout ce qui pourrait amener leur guérison et perpétuent les habitudes qui alimentent leur maladie, il est presque vain d'espérer qu'un peuple accepte d'être ainsi sauvé malgré lui. Jamais vous ne parviendrez à le persuader qu'il a besoin d'un tel remède — attendu que l'inconscience est une des caractéristiques de son état. Sans insister d'ailleurs sur ce point, que supposer au pouvoir cette dictature de l'intelligence, c'est admettre un peuple déjà réformé qui l'y aurait porté : à moins qu'elle ne se trouvât un jour en possession du pouvoir par on ne sait quel hasard, auquel cas il semble difficile qu'elle s'y maintînt, et que le « tyran » ne fût pas jeté à bas.

Je suis parfaitement conscient de la force de ces diverses objections. Je suis loin de penser que le remède préconisé soit bénin et de facile réussite. Je comprends à merveille la répugnance

à se servir d'un instrument légitimement odieux.
Je partage les craintes, les dégoûts qu'il éveille,
j'envisage les tristesses, les tortures, les angoisses que son emploi ferait naître. Mais je suis
également conscient de ceci, que *c'est précisément le cas unique et tragique des pays latins
de se trouver acculés à cette nécessité douloureuse par leur imprévoyance passée.* C'est là
l'étrange et malheureuse situation à laquelle leur
conduite de siècle en siècle les a réduits. C'est là
l'impasse où les ont enfermés leurs erreurs formidables et dont ils ne peuvent sortir qu'en se
meurtrissant, à moins qu'ils ne se résignent à y
périr. C'est là le dilemme qui les étreint.

La fatalité de notre situation c'est que nous ne
pouvons pas en sortir, sinon par un effort sur-
énergique, exigeant une dose de courage, d'endurance, de volonté, de persévérance et d'intelligence dont il reste à savoir si nous sommes
encore capables, et par des mesures qui nous
paraissent à nous, d'esprit large, compréhensif,
tolérant, et avant tout respectueux d'indépendance, appartenir à un autre âge.

La tentative est peut-être ultra-téméraire.....
Mais qu'y faire ? Il faut que cela soit. Car, sa-
chons-le bien, *nous n'avons pas le choix des
moyens de faire notre salut en ce monde, c'est
à dire d'assurer notre avenir.* Nous n'avons de
recours qu'en une totale refonte de nous-mêmes,

si nous voulons continuer à vivre une existence digne de ce nom et prévenir une plus ou moins imminente élimination. Voilà, je le répète, le tragique de notre situation, telle que nous l'ont léguée les ancêtres au cœur léger.

A ceux qui s'insurgent contre un pareil procédé, je ferai également remarquer que ce moyen n'est qu'un remède et qu'*il s'agit de malades à guérir*. On agit envers un malade autrement qu'envers un homme sain. C'est un traitement, au sens médical du mot, que les peuples latins doivent subir, et c'est comme traitement que nous proposons ce moyen de salut.

S'il s'agissait d'organismes sains, normaux, souffrant simplement d'un malaise, l'emploi d'une médication aussi terriblement énergique que celle que nous préconisons serait encore plus absurde qu'odieux, — un peu comme si on faisait intervenir le bistouri dans le traitement d'une migraine. Mais ce n'est pas là notre cas. N'oublions pas qu'il s'agit d'organismes en proie à une très grave maladie. L'énergie du remède doit être proportionnée à l'intensité du mal. En période d'épidémie, ne prend-on pas des mesures spéciales ? Permet-on toutes les nourritures à un malade ? Ne le soumet-on pas parfois à un régime sévère ? Ne le met-on pas à la diète ? Prend-il avec plaisir les médicaments ordonnés, parfois horribles, et subit-il sans angoisse

les opérations que le chirurgien juge nécessaires,
pour un mal dont souvent il ne peut avoir lui-
même conscience ? Et pourtant, s'il a l'esprit
sain, il n'en discute pas la nécessité et se soumet
à la décision de l'homme qui sait. Il n'est pas
libre d'enfreindre les ordonnances médicales, à
moins d'une volonté bien arrêtée de suicide.
Pourquoi dès lors un peuple, c'est à dire un
organisme social, n'agirait-il pas de même ?
Evidemment, c'est avec répugnance et douleur
qu'il subira le traitement imposé. Mais si sa vie
même en dépend, il se prouve absurde en refu-
sant de s'y soumettre. Le malheur est que, pour
de tels cas, les anesthésiques ne soient pas
applicables à une nation comme à un individu.

C'est à ce point de vue qu'il faut juger un programme, en apparence inadmissible dans son
principe même. Lorsqu'on a acquis la pleine
conscience du mal, on est plus près de comprendre l'exceptionnelle énergie du remède.

Je suis d'avis que, partout et en toutes circonstances, on défende la liberté de l'individu,
base infrangible de toute juste association humaine, aussi nécessaire à l'être intérieur que l'air
l'est aux poumons, et qu'on repousse en conséquence tout régime politique qui n'en assure pas
à chaque membre de la collectivité le maximum
concevable : mais ceci, je le répète, *dans un
corps social sain.* Dans les pays malades, anor-

maux, déséquilibrés, je reconnais la nécessité, à titre temporaire, de certaines prohibitions essentielles et parfois le besoin d'une tutelle. Ce qui est excellent ailleurs est nuisible là. C'est pourquoi je crois fermement que l'unique solution définitive du problème latin consiste en une action, à certains égards indépendante des individus et supérieure à eux, exercée d'autorité, avec l'appui de la force, par un pouvoir intelligent. Et cela au bénéfice de la collectivité. Une fois celle-ci hors de danger et l'œuvre nouvelle enracinée, la liberté totale, qui alors sera aussi féconde qu'elle était funeste en la période précédente. Il y a des cas où la liberté n'a qu'une vertu purement verbale, notamment lorsque l'individu ne s'en sert que pour perpétuer des erreurs dont il n'entrevoit même pas la nocivité mortelle. Pour qu'elle manifeste vraiment sa vertu, il faut qu'existe dans la communauté une certaine dose de santé et de rectitude et que les consciences soient fermes ; si, comme dans le cas des pays latins, cette dose est insuffisante ou même infinitésimale et que l'individu ne trouve point d'appui dans sa conscience, la liberté devient le plus actif facteur de décadence.

Il ne faut pas oublier non plus, comme argument à l'appui de notre thèse, qu'il suffit souvent d'un moment d'énergie impitoyable et d'audace pour vaincre, à l'encontre de toutes les prévi-

sions. Celui qui a la foi, qui s'attache avec achar-
nement à une croyance et qui est prêt à tout pour
la faire triompher est bien fort, dans un milieu
d'incroyants, d'indécis et de pusillanimes. Il a
des chances de vaincre, rien que par le catégo-
rique, l'impitoyable et le brutal de son action. Il
faut se souvenir qu'on a chez nous le respect,
parfois même exagéré jusqu'au servilisme — de
la force et de la maîtrise. Alors ce vice se trans-
formerait, pour un moment, en vertu.

Quoi qu'il en soit et quelque légitimes craintes
que puisse faire naître l'emploi d'un remède
insolite, il est une méthode qui me semble avoir
fait ses preuves de stérilité : la méthode du
« laisser faire ».

Les esprits libéraux et « avancés » de notre
monde n'ont encore rien trouvé de mieux, pour
venir à bout des anciennes fois qui nous dévorent,
que la tolérance, l'éclectisme. Il semble que leur
vision mentale n'aille pas au delà de ces mots
auxquels ils attribuent une vertu magique, une
puissance de fécondité miraculeuse... Il me semble, au contraire, que nous avons impérieusement besoin de fanatisme et de sectarisme, mais
pratiqués à l'inverse de la méthode suivie
jusqu'ici. Toutes les grandes choses ont été fondées par des sectaires. Nous mourons par excès
de laisser-faire. Je ne trouve rien de plus déses-
pérant, de plus indicateur de l'impuissance que

ce sentiment de béate tolérance partout exalté.
N'avoir plus la force de la haine — non contre les
individus, mais contre les doctrines — n'avoir pas
la conscience que certaines choses *doivent* disparaître à jamais, cela me semble tout simplement
le produit de la déliquescence mentale. Dans
l'état où nous sommes, fonder de l'espoir sur la
pure et simple tolérance, c'est de la puérilité.
Presque tout chez nous est orienté vers la désa-
grégation et la déchéance; par conséquent, le mal
non combattu ne peut qu'empirer. Je ne vois pas
de choses naissantes ou à naître qui autorisent
l'espoir d'une régénérescence, je cherche en vain
le jet de vraie vie nouvelle parmi les ruines.
J'aperçois, au contraire, de toute part, des ferments de décadence à l'œuvre. Où pourrait être
alors la vertu de la tolérance ?

Sachons comprendre qu'elle ne peut rien pour
notre salut et que nous ne vaincrons pas par
elle. C'est après une victoire définitive, aux conséquences pleinement réalisées, qu'on peut s'en
payer le luxe et attendre d'elle de grands résultats. Mais, auparavant, il faut des mesures radicales, il faut du sectarisme. Il faut que la terre
d'un champ ait été labourée et nettoyée avant
que le grain puisse germer.

Je sais aussi que parmi les partisans de la non-
autorité, il en est qui préconisent l'éveil d'une
vie nouvelle au sein de la masse par l'éducation,

l'instruction populaire et l'apostolat, et qui affirment que le salut ne peut sortir que de la volonté éclairée du malade, en dehors de toute contrainte. Je crois qu'en dépit de leur généreux sentiment, ils n'ont raison qu'en apparence. Non pas que je réprouve ou même que je juge inutile l'œuvre de l'éducation populaire. Je la crois extrêmement bienfaisante, indispensable même, pour expliquer et préparer. C'est une part fort importante de la besogne générale : mais une part seulement. Il serait vain et décevant d'en attendre *tout*. Dégrossir le cerveau des masses, alimenter le public de notions saines, c'est préparer le terrain pour la semence future. Plus tard vient le procréateur.

LE PROCESSUS DE LA DÉCADENCE

A beaucoup, je le crains, le programme que nous venons d'esquisser apparaîtra simplement chimérique, en raison de sa nature même et des obstacles multiples qu'aurait à surmonter sa réalisation. Ils n'y verront qu'une utopie ajoutée à tant d'autres. Ils se méprendront. Ce n'est pas un plan idéal de rénovation que nous présentons : il est conçu en pleine réalité.

Je dois néanmoins reconnaître que les chances me semblent nombreuses pour qu'un programme de ce genre ne soit pas réalisé, ni même conçu en vue de son exécution : tellement est tyrannique la tendance latine à se confier au hasard, au temps, à fuir les solutions nettes, tellement l'esprit d'un tel programme est contraire à l'esprit latin. Il se pourrait aussi qu'on y eût recours trop tard : car plus nous tarderons, moins l'opération aura de chances de réussite.

Une des plus sérieuses raisons qui militent contre l'exécution d'une œuvre de cette nature, c'est la répugnance extrême qu'éprouve le tempérament latin pour l'intelligence simple et allant droit au but. En pays catholiques, l'intelligence toute pure, le souci de méthode, de logique et de réalité sont considérés comme des intrus, presque des ennemis. Contre eux se liguent et s'acharnent la haine, le mépris, le sarcasme des plèbes imbéciles et serves, enragées contre les libres esprits qui se permettent de les dépasser. On étouffe ces derniers quand on ne peut les écraser. Les sophistes ont une horreur naturelle du bon sens et de la rectitude mentale. Contre cette meute déchaînée, le réformateur n'aurait que sa sincérité, sa foi et sa science, pauvres armes. Il risquerait fort d'être emporté dès le premier jour.

Pour quelque motif que ce fût, si ces moyens de salut n'étaient pas employés, c'est que le monde latin se résignerait — sans le savoir — à l'acceptation de sa déchéance définitive. Si cette tentative de rendre au monde latin la force et la vie n'était vraiment qu'un rêve, c'est que notre évolution serait sur le point d'être achevée et que nous n'aurions plus rien à faire d'important dans le monde.

Dans ce cas, qu'adviendra-t-il ? Quel sera le processus de la décadence latine ? Quel sera, dans un avenir plus ou moins éloigné, le sort probable des nations qui auront refusé de tenter le dernier effort capable de les ramener sur la route de l'avenir ? Comment s'effectuera leur élimination ?

Il ne s'agit nullement de prophétiser. Certaines lois fixes président aux décadences. De plus, il y a des précédents historiques. Nous sommes donc en mesure d'indiquer brièvement par quelles voies s'opérera l'inévitable dissolution.

****

Tout organisme possède un capital d'énergie qu'il dépense au fur et à mesure de son existence, et qui en est la condition même. Les uns le ménagent, les autres le dispersent en prodigues. D'autres encore l'accroissent ou le renouvellent.

On ne mettra pas en doute que les peuples latins aient fait jusqu'ici une dépense folle du capital d'énergie qui leur fut attribué. Et nous avons vu que ce capital fut, par la raison même de leurs origines, plutôt restreint.

Actuellement, nous vivons maigrement sur un capital dilapidé. Il est clair que si nous ne le renouvelons pas par un moyen quelconque, nous nous trouverons un jour totalement dépourvus, n'ayant plus pour continuer de vivre que la simple force mécanique d'impulsion que créent quinze siècles d'histoire.

C'est donc l'appauvrissement de l'énergie nationale qui est la caractéristique des déclins — se manifestant par une diminution d'initiative, d'effort, d'expansion, d'activité, de rayonnement, par l'inaptitude à se plier aux conditions d'une existence nouvelle. Alors, la nation, comme refroidie et resserrée, ne tient plus sa place dans le monde. Elle s'efface. Elle cesse graduellement de jouer le rôle qui correspond à son nom, à son passé, à la position matérielle qu'elle occupe. Elle ne fait plus ce qu'elle doit. Elle se montre, comme on le dit familièrement d'un individu, « au-dessous de la situation ».

Dans cette voie, où ils se sont engagés, les peuples latins ne pourront s'arrêter. La somme de l'énergie nationale tendra sans cesse à se restreindre, par suite des vertus de déliquescence du milieu, et le peu d'activité qui subsiste travaillera de plus en plus en faveur du sophisme et de l'erreur. L'instant viendra fatalement où chacun, tour à tour, cessera de compter parmi les nations modernes.

Toutefois, ils ne disparaîtront pas immédiatement — ce qui donnera l'illusion de leur survivance longtemps après qu'ils ne seront plus que de vagues collectivités indignes du nom de nations. Même annihilés au point de vue des grands intérêts du monde, ils posséderont encore assez de motifs d'intérêt pour subsister, durant une période impossible à déterminer, mais qui pourrait être plus longue qu'on ne pense. Le prestige d'un passé formidable, imposant, leurs richesses artistiques, le pittoresque de leurs mœurs, leur raffinement, leur art de vivre pourront les préserver longtemps de la disparition absolue. Il est probable que, parvenus à ce point, les pays latins demeureront uniquement comme milieux de jouissance et de curiosité archéologique et artistique. On y viendra voir les musées, les ruines, les sites historiques, les mœurs anachroniques, et jouir paresseusement de la vie, sous quelques-unes de ses formes les plus raffinées. Les touristes — comme déjà en Italie — y seront les clients d'une des rares industries subsistantes. L'ombre de ce destin commence à se profiler sur les peuples du Midi. Paris, Vienne, Rome ne sont-ils pas déjà, en une certaine mesure, des centres d'attraction où l'on ne se rend guère que pour s'y amuser, des endroits de luxe et de curiosité ? Ce sera sans doute là, de plus en plus, la raison d'être des pays latins dans l'avenir. Je me garde d'ailleurs d'attacher à cette idée un sens de réprobation. Le monde vient communier chez nous, dans le plaisir comme dans le passé, que nous continuons de représenter. Il ne faut pas absolument mépriser ce rôle qui, pour n'être pas glorieux, n'en possède pas moins son utilité dans le monde. Ce qui est absurde, c'est de prétendre que le fait d'être quelque chose comme la cour de récréation de l'humanité suffise à maintenir indéfiniment debout une société.

Combien de temps les nations latines pourront sauvegarder leur intégrité, en n'étant plus que des lieux de curiosité et de plaisir, cela est purement du domaine de l'hypothèse, mais ce qui est sûr, c'est qu'elles se trouveront un jour en face d'une loi infrangible.

C'est qu'en effet une force entre alors en jeu, qui est, dans le monde des organismes sociaux, analogue à celle qu'on désignait, en physique, sous cet aphorisme : « La nature a horreur du vide. » C'est du simple jeu de ce phénomène que seront victimes les nations latines.

Pour l'observateur vulgaire il est certaines conquêtes et annexions qui semblent dues simplement à l'esprit de rapt et d'appropriation brutale. Il ne voit pas au delà. Il existe pourtant à cette main-mise de certains peuples sur d'autres peuples une raison supérieure aux individus : une raison, pour ainsi dire, cosmique.

Lorsqu'une nation s'avère, soit par décrépitude, soit par inaptitude à s'adapter aux conditions de la vie moderne, absolument inférieure au rôle qu'elle devrait jouer, elle tombe tôt ou tard entre les mains d'une autre, voisine ou lointaine, qui, vivante, ardente et ambitieuse, exploite pour son propre compte ce que la première a laissé en friche. Quand le rôle qu'un peuple doit tenir l'est insuffisamment, un autre se présente fatalement pour le remplir, — la nature exigeant que le plus grand parti possible soit tiré des choses et que la besogne négligée par l'un soit exécutée par l'autre. Les inaptes tendent à être éliminés. Autrement dit, les nations inférieures sont, par une loi constante, destinées à devenir la proie des nations supérieures. La loi darwinienne de la survivance des plus parfaits, des mieux pourvus et adaptés a également son application dans le monde international. Il est bien entendu que je ne juge pas ici le caractère plus ou moins « moral », au sens coutumier du mot, de cette loi : qu'il faille s'en réjouir ou s'en lamenter, *cela est ainsi*, et cela ne peut pas ne pas être ainsi dans notre monde soumis à des lois fixes. Il est évident que des peuples classés comme inférieurs peuvent, à certains égards, témoigner d'éclatantes supériorités de détail sur les autres. Mais il s'agit du fond, notamment de leur incapacité à prendre part au grand courant de la vie générale là où elle est le plus intense, à collaborer au progrès et à épouser les formes de la vie industrielle, sociale et politique du temps. C'est sur cette incapacité qu'il faut se fonder pour apprécier leur valeur dans l'ensemble des nations rivales, toute appréciation de leurs vertus ou de leurs qualités particulières étant laissée de côté.

Au cours d'une étude sur la dernière lutte anglo-boer dans l'Afrique du Sud, M. Edmond Demolins a excellemment expliqué et dégagé cette loi que l'histoire de l'humanité illustra de si nombreux et probants exemples. Il y note qu'invariablement lorsque deux groupes sociaux de « formation sociale » différente sont en présence, il y a conflit et que le groupe supérieur l'emporte toujours; que de plus l'humanité a toujours sanctionné et légitimé cette loi qui forme le fond permanent de l'histoire. Du Phénicien à l'Américain du Nord, du Gaulois au Boer, tous les grands peuples du monde furent, sont ou seront tour à tour les bénéficiaires et les victimes de cette loi. Presque toutes les nations du monde lui doivent leur existence. Si le droit du premier occupant était respecté, l'Occident devrait non seulement abandonner tout de suite ses colonies, mais encore la plupart des peuples qui le composent auraient à évacuer les territoires qu'ils occupent du fait seul de leur supériorité sociale.

Le monde « appartient aux peuples qui possèdent la supériorité sociale ».

L'auteur condense cette observation en des formules excellentes que nous ne pouvons mieux faire que de reproduire. Toute souveraineté, dit-il, ayant pour condition fondamentale le plus grand bien général, « *l'indépendance nationale ne peut pas se maintenir comme un droit absolu envers et contre tout..... L'autonomie n'est pas un droit aussi absolu qu'on l'imagine, n'est pas un fait qui puisse se maintenir aussi absolument qu'on le suppose.....* Le laisser-faire qu'accorde le genre humain — (inconsciemment, pourrait ajouter l'auteur) — aux pouvoirs publics se fonde sur le bien qu'en tire la communauté des habitants et sur le retentissement que ce bien d'une partie de l'espèce a sur le reste de l'espèce. Mais dès que ce laisser-faire n'a plus ce résultat et tourne à l'effet contraire, sa raison d'être cesse. Alors le laisser-faire est mis en question et prend bientôt fin... Un droit exclusif ne vous est laissé, concédé, que sous la condition implicite qu'il produira un plus grand bien pour la généralité qui vous laisse faire. »

C'est à dire, pour résumer en une phrase la pensée de l'auteur, que le droit de souveraineté d'une nation sur son propre territoire n'est pas un droit imprescriptible, mais qu'il est soumis de par la loi de nature à de certaines conditions.

Le fait de posséder une parcelle de la surface du globe ne suffit pas pour en légitimer la possession indéfinie par son propriétaire. Il faut *mériter* cette possession par l'usage qu'on en fait. Tout peuple qui se laisse aller à la déchéance et tombe au-dessous de sa situation abandonne par cela même son droit à l'indépendance nationale. Tôt ou tard, s'il ne se relève, il sera brutalement ou lentement dépossédé.

Cette loi peut sembler à première vue brutale et injuste. Il n'en est pas moins vrai qu'elle n'est pas tellement immorale au fond. Elle a l'avantage de contraindre le propriétaire à demeurer digne de sa propriété, à en tirer le meilleur parti possible, à sans cesse s'efforcer et progresser. C'est en tout cas l'antidote de la primauté des inférieurs. Tel peuple, bien assis sur son territoire et sûr de la pérennité de sa possession, pourrait, sans le jeu naturel de cette loi, en faire le plus fol usage ou tout simplement s'endormir sur son coin d'univers inutilisé, au plus grand dommage de l'humanité. Les anciens peuples, décrépits, comateux ou pourris, continueraient alors d'encombrer ou d'infecter la planète et de monopoliser d'immenses territoires sans qu'on ait le droit de les balayer pour faire place nette. J'estime cette loi profondément morale, au sens cosmique. D'ailleurs, sans elle, la planète aurait cessé depuis longtemps d'être habitable. Ce qui nous empêche peut-être d'en reconnaître loyalement la légitimité, c'est qu'accoutumés de borner notre vision à notre petite patrie, nous négligeons d'embrasser du regard l'ensemble du monde. Nous méconnaissons ainsi les nécessités qui le régissent.

M. Demolins applique le commentaire de cette loi d'aristocratie mondiale, si l'on peut ainsi dire, au cas particulier du récent conflit Sud-Africain.

L'exemple est en effet frappant. Le Boer, de civilisation patriarcale, chasseur et pasteur, s'est heurté à l'origine au Hottentot et au Cafre, appartenant à une formation sociale inférieure à la sienne. Il les a violemment dépossédés. Se trouvant à son tour en contact avec l'Anglo-Saxon, de civilisation industrielle, il a dû céder par le simple jeu de la loi sus-énoncée. Les Boers ont été vaincus ou plutôt inféodés, tout simplement parce que la prédominance sociale appartient aux Anglais dans l'Afrique australe. Telle fut, soit dit en passant, la raison profonde de la guerre sud-africaine, dont les incidents que l'on sait ne furent que l'occasion.

Les cas d'application de cette loi abondent, depuis celui de l'indigène nord-américain dépossédé par les premiers colons des États-Unis jusqu'à celui des Grecs antiques conquis par les Romains, exemple auquel nous avons déjà fait allusion. Considérons celui tout récent des colonies espagnoles passées aux mains nord-américaines. Une nation latine d'Europe détenait de riches possessions dont l'emploi consistait à y envoyer des fonctionnaires qui s'y enrichissaient scandaleusement. Elle ne s'était jamais souciée que d'y installer et d'y maintenir la famine, l'ignorance et l'infection. Ces terres pourrissaient littéralement sous sa domination flétrissante. Un jour une nation de premier rang s'en empare. L'avenir jugera — si le présent ne l'a point encore fait — s'il fut juste ou injuste que cette dépossession s'effectuât.

Nous pourrions également invoquer, par anticipation, le cas des colonies françaises. S'il est une nation dans le monde qui devrait ne pas posséder de colonies, c'est bien la France. A cela il y a deux raisons péremptoires : la première est que la natalité française étant insuffisante, nous ne possédons pas l'excédent de population indispensable pour peupler des territoires nouveaux ; la seconde est que, par tempérament, le Français refuse de s'expatrier, aimant mieux végéter sur le sol de ses pères que de tenter fortune sous d'autres cieux. L'Angleterre, la Belgique, l'Allemagne, etc., peuvent ou pourraient avoir des colonies, pour y jeter périodiquement le trop-plein de leur population et l'excès de leur énergie. Mais nous ?..... Nous avons donc des colonies et pas de colons. Aussi nos possessions, comme on le sait, nous servent presque uniquement à exporter des fonctionnaires — (dans la proportion de cinq fonctionnaires pour deux colons) — qui sont le plus souvent des gens médiocres ou tarés hors d'usage dans la métropole, et à ouvrir un champ nouveau à l'activité des congrégations romaines, jésuites et autres : ce qui fait que nos colonies ont plutôt l'air de lieux de débarras — quelque chose comme de vastes dépotoirs — que de milieux nouveaux pour l'expansion de notre race, que de réservoirs d'énergie jeune, de santé et de prospérité qui plus tard représenteraient l'idée française, quand la France ne serait plus. L'empire colonial français n'est donc qu'une pure superfétation, une matière à orgueil, une chose de luxe, entretenue à grand prix, dont nous aimons à faire étalage aux yeux du monde, par conséquent un embarras et une ruine. Nous sommes profondément incapables pour les motifs sus-énoncés d'en user autrement, c'est à dire de l'exploiter vigoureusement et méthodiquement. Les colonies françaises sont et demeureront presque vierges d'exploitation. Elles ne peuvent être, comme c'est le cas pour d'autres nations, des terres nouvelles, plus jeunes, plus pures, plus riches, plus naturelles pour les énergies surabondantes de la métropole, puisque c'est précisément d'énergie que nous manquons le plus, et qu'en outre, notre population ne cessera de décroître. Nous sommes loin d'avoir en nous la force suffisante pour procréer des organismes nouveaux, étant malades et appauvris dans notre propre corps. On m'objectera peut-être l'Algérie : mais qui prétendrait voir là un milieu jeune, puissant, riche de possibilités ? A en juger par les spectacles qu'elle nous offre, elle paraît être bien plutôt comme la sentine des peuples méditerranéens qu'un territoire où s'affirmerait un renouveau de l'énergie française. L'exemple de l'Algérie prouve avant tout que l'idée française n'est pas un ferment assez actif, assez sain et puissant pour constituer un peuple nouveau. L'avorton décèle la maladie du père. C'est pour cela que le grand espoir fondé sur l'empire colonial français comme véhicule d'une expansion de l'idée française dans le monde me paraît manquer de bases et n'être qu'une illusion de plus.

Croit-on qu'une puissance puisse accaparer des territoires pour n'en rien faire, mériter leur possession en les laissant inexploités ? Nous venons de voir que cela est impossible et que la loi qui pèse sur le propriétaire, en matière internationale, est inéluctable.

Aussi nos colonies, après avoir végété entre nos mains, nous contraignant à des sacrifices énormes, sont-elles destinées, un jour ou l'autre, à tomber en d'autres mains qui pourront et qui sauront en tirer parti, — par conséquent plus dignes que nous, selon la loi de nature, de les posséder. Le sort des colonies espagnoles est pour nous un avertissement non équivoque. Et lorsque l'événement fatal se produira, il est probable que personne parmi nous ne fera ce simple raisonnement : si, lorsqu'une nation — la France, par exemple — prend pied sur un territoire, c'est le congréganiste, le militaire et le fonctionnaire — éléments nuisibles ou neutres — qu'elle installe, tandis qu'une autre nation — mettons l'Angleterre — y verse des agriculteurs, des industriels, des trafiquants — *éléments actifs* — il est clair qu'au point de vue de la civilisation mondiale, du bonheur, de la justice et de la santé de l'ensemble, la diminution de la sphère d'influence de la première est un bien. Aussi indulgent que l'on soit, lorsqu'il s'agit de soi-même, et large de sympathie humaine aussi bien que respectueux de la propriété d'autrui, il faut bien en convenir. S'étonne-t-on lorsqu'une jeune et belle fille, sous la dépendance d'un être cacochyme, devient la proie de tel ou tel gaillard vigoureux déterminé à user d'elle normalement ? C'est là un simple fait de nature, inéluctable et bienfaisant, alors même qu'on n'en verrait pas de suite les bénéfices.

Ce qui est le plus funeste pour nous, c'est que le même argument s'applique à *notre propre territoire* qui, après la perte de nos colonies, se trouvera un jour sous la menace de la même désappropriation, comme l'ensemble du monde latin d'ailleurs. Voilà le sort qui est au terme de nos avortements, de nos sophismes, de notre insouciance, de nos erreurs, de nos folies. Destin dont, avec un haussement d'épaules, nous nous refusons à accepter l'augure : destin aussi peu hypothétique pourtant que l'une des lois physiques les mieux connues du cosmos.   15

Qui soutiendrait que nous ne sommes pas au-dessous de notre tâche et que, par exemple, la part d'univers que le sort nous attribua jouit de la prospérité qu'il mérite ? Il faudrait dans ce cas ne pas être conscient de la position unique, merveilleuse, qu'occupe géographiquement la France, l'une des contrées bénies du globe pour son climat, sa situation, son sol, l'une des plus richement dotées et pourvues par la nature. Conçoit-on, entre autres stupéfiantes anomalies, qu'un pays possédant un pareil développement de côtes, situé admirablement à l'extrémité occidentale du continent européen, en face du Nouveau-Monde, ouvert d'une part sur le bassin méditerranéen, d'autre part sur le bassin nordique, voisin immédiat d'une demi-douzaine d'États, ne possède qu'une marine marchande insignifiante, alors que la plus grande partie du trafic transatlantique devrait s'effectuer par ses ports, alors que nous devrions évidemment être la grande nation commerçante et maritime d'où dépend une bonne part des échanges du monde ? A cet égard, comme à beaucoup d'autres, nous sommes supplantés par ceux qui se trouvaient précisément les plus dépourvus par la nature, par ceux contre lesquels se dressaient les plus formidables obstacles : les Hollandais et les Allemands du Nord, par exemple. C'est dans des faits de ce genre, significatifs, énormes, patents — bien que personne ici ne daigne les voir —

qu'éclate la misère de notre état, la preuve flagrante de notre inaptitude et de notre incompétence. C'est lorsque la nature a tout créé pour le succès et la primauté et que par inertie, inintelligence ou impuissance, le résultat demeure médiocre, que se mesure l'infériorité d'un peuple.

Dans ces conditions, une nation — si elle ne parvient pas à sortir d'elle-même et à se recréer par un effort de surénergie — doit s'attendre à être éliminée tôt ou tard. D'autres mains sauront faire l'œuvre qu'elle néglige et tirer parti des magnifiques avantages dont la nature la combla. Il ne manque pas dans le monde, de caractères, de muscles, ni de cerveaux pour entreprendre cette besogne.

Un temps viendra où toutes les terres disponibles du globe étant accaparées, l'attention des races énergiques et conquérantes se tournera vers les contrées demeurées en arrière du grand courant de la civilisation moderne. Quelques peuples audacieux entreprendront alors la colonisation des pays morts, mourants ou cacochymes, tels que seront alors les pays latins. Toutes les ressources jusque-là négligées seront mises à profit. Des sociétés nouvelles s'y édifieront selon un plan nouveau. Tout ce qui appartint au passé sera pacifiquement ou violemment écarté. C'est ainsi que les pays latins, envahis, submergés, par les besoins incompressibles d'activité, de création, d'expansion des races jeunes ou en pleine virilité, par la force perpétuellement en travail sur le monde, entreront enfin et par contrainte dans le courant de la vie moderne : mais il est à craindre que nous ne soyons guère appelés à jouer dans cette combinaison que le rôle des Maoris vis-à vis des colons européens de la Nouvelle-Zélande. L'œuvre d'ailleurs ne se dessine-t-elle pas, encore timide, clairsemée, silencieuse ? L'Anglais est visible au Portugal. L'exploitation méthodique de l'Espagne par des individus de différentes races va sans doute commencer. La France aura également son tour. Il est probable que par suite de la substitution, qui se dessine, de la lutte économique à la lutte militaire, cette conquête des pays latins s'effectuera par voie pacifique. Sous un afflux d'industriels, de commerçants et d'agriculteurs étrangers qui s'établiront à demeure, l'élément national submergé, vaincu — moins par le nombre que par la supériorité des nouveaux venus (qu'on se rappelle le petit nombre des Francs envahisseurs) — ravalé aux besognes secondaires, viendra en fin de compte se perdre.

Je trouve extrêmement beau, honorable et méritoire — très juste même à certains égards — qu'on se lamente sur la disparition des Polognes, des Irlandes et en général sur toutes les nations éliminées ou assimilées. Je comprends fort bien et je partage même le sentiment qui induit des consciences éprises de justice — (au sens humain et restreint que nous donnons à ce mot) — à protester contre la suppression violente ou progressive d'un groupe national. Mais n'est-il pas sage, après avoir payé son tribut de regrets, de songer aux raisons de ces chutes ? Ces nations étaient-elles dignes de subsister autonomes ? Leur existence n'était-elle pas une menace, un retard ou un embarras pour l'humanité ? Il est évident que la brutalité est toujours odieuse, notamment dans certaines circonstances où ceux qu'elle semble tellement choquer dans les cas qui nous occupent, oublient de la réprouver. Pourtant il faut bien avouer qu'elle a sa place dans le monde en certaines circonstances où rien ne la remplacerait. La brutalité est une chose qui appartient au mode d'existence générale du monde, aussi bien dans l'humanité que dans la nature. Il est extrêmement douloureux de le constater, mais cela est. Il n'y a jamais eu jusqu'ici d'évolution de fond sans qu'elle y ait sa part. Une opération chirurgicale est aussi une chose infiniment douloureuse et odieuse, sans qu'on songe à en discuter la nécessité. L'existence de chacun de nous n'est-elle pas fondée sur le pur emploi de la force ? N'assassinons-nous pas, pour notre subsistance et sans l'ombre de pitié, animaux et plantes, ces êtres dont il serait difficile de nier le droit, équivalent au nôtre, à l'existence ? Il est donc des violences inéluctables dont, en les haïssant intrinsèquement, nous sommes contraints de reconnaître loyalement l'impérieuse et amère nécessité, pour le présent du moins. L'œuvre du monde, dont nous ne sommes que les très peu conscients ouvriers, s'accomplit en dehors de nos délicatesses sentimentales.

Il y a deux grandes lois générales qui forment la trame des existences sociales et internationales : l'*entente pour la vie*, qui se traduit par la *solidarité*, et la *lutte pour la vie*, qui se manifeste par la *sélection*. Ces deux lois, loin de s'entre-annihiler, sont également indispensables toutes deux. Il ne faudrait pas croire que la nécessité de la solidarité empêchât celle de la sélection.

Les inadaptables furent et seront toujours éliminés. Les civilisations inférieures, anachroniques, les « races incompétentes » disparaîtront. Cela est certain. Tout ce qui est une cause de retard ou une menace permanente et sourde de régression pour la partie la plus avancée de l'humanité sera sacrifié. La terre doit appartenir en fin de compte à ceux qui sauront l'aménager avec le plus de perfection, en faire la meilleure habitation pour l'homme et en tirer le meilleur parti possible. Et quelles qu'en soient les conséquences pour certaines fractions de l'humanité,

les choses doivent finalement avoir raison des
mots, le fait et la réalité rester victorieux des
formules et des traditions.

Réfléchissons à cela, songeant à notre cas.

N'importerait-il pas, pour l'avenir du monde,
que des peuples qui représentent des principes
faux fussent réduits au silence ? Que les traditions
dont ils sont porteurs cessassent de se répandre à
travers le monde ? Que le sol où fleurissent tant
d'idées malsaines fût à nouveau labouré et
ensemencé ? Que cet énorme amas de conven-
tionalités, de préjugés et de sophismes fût définitivement balayé ? Plongeons un regard sincère
en nous-mêmes et considérons froidement ce
que nous sommes. L'édifice latin n'est-il pas
dans le monde présent une cause d'obscurité et
de retard, avec tout ce qu'il abrite d'anti-moderne :
césarisme, irréalisme, catholicisme, jésuitisme,
anti-démocratie ? De sa disparition — qui à certains égards pourrait être regrettable, je l'accorde
— ne naîtraient-ils pas une *simplification* et une
purification des choses et des notions de ce
monde ? Ne semble-t-il pas juste que ce reste
d'Orient que nous constituons dans le monde
contemporain finisse d'exhaler son anachronique
parfum ?

Savons-nous s'il n'est pas nécessaire que la
haute et traditionnelle idéalité latine fasse ban-
queroute devant le réalisme des peuples plus

jeunes et plus près de la terre ? *Il se peut que cela soit de toute nécessité.*

Et après avoir maudit la loi qui semble broyer toutes nos idées contemporaines de droit et de liberté, élevons-nous jusqu'à la compréhension du splendide but cosmique vers lequel sa marche lente et continue l'achemine — malgré tous les retards et tous les reculs — remettant à la fonte les formes usées ou mauvaises, extrayant le bien du mal en une mystérieuse alchimie, et ne refusons pas de voir dans ce qui n'est, à notre courte vue d'hommes, qu'iniquité, une plus large justice, auprès de laquelle la nôtre n'est qu'une vague notion conçue par le cerveau d'un enfant, une justice qui s'égale aux proportions mêmes de la nature.

*   *
*

Je me souviens d'avoir entendu un jour cet argument : « Comment pourrait-on désespérer de l'avenir des peuples latins, à voir, en leur sein, une jeunesse qui s'élève à la conscience, une élite qui s'efforce et qui lutte ? Dans ces grands corps malades ou paralysés, il y a encore un élément de vie et d'activité. N'est-il pas légitime, ne sommes-nous pas même moralement contraints, d'entretenir l'espoir que ces agents du renouveau parviendront un jour à entraîner les masses hors du bourbier où elles demeurent présentement enlisées ? »

J'entends cet argument — s'il ne me paraît pas péremptoire. Au sein de chacune des nations latines, il est des esprits d'avant-garde en opposition plus ou moins violente avec l'esprit de la collectivité. Il y a une élite italienne, française, espagnole, sud-américaine même. Autour de quelques individualités fermes et conscientes, ou même sans autre appui que sa propre aspiration, une jeunesse s'est groupée dans les pays du Sud. Fortement persuadés que les anciennes méthodes d'existence sont mauvaises, imbus d'idées modernes, orientés vers de nouveaux horizons, plus ou moins clairement conscients des besoins de l'avenir, ces nouveaux Latins constituent, dans leur milieu, un germe d'affranchissement. Barcelone et Milan nous offrent, entre autres, ce spectacle : au centre de la partie la plus active, — la seule vivante, pourrait-on dire, — de l'Espagne et de l'Italie, ces deux centres apparaissent comme les foyers où s'est finalement concentrée la force de deux organismes décadents. Je ne parle pas de Paris, ce milieu déconcertant, où voisinent les éléments les plus contradictoires, où le passé et l'avenir se coudoient, où d'actifs principes de régénérescence ont pour contrepoids l'énorme puissance de réaction de la masse.

Il est significatif de remarquer que d'instinct la vision de cette élite latine s'est portée vers le Nord, vers tout ce qui est anti-latin. C'est de pensée septentrionale qu'elle s'est nourrie, cherchant là sans doute, comme naturellement, l'antidote du poison latin. Lasse jusqu'à la nausée de tout ce qui porte la marque exclusive de l'esprit méridional, de l'obsédante routine, de tout ce qui est factice, vieux, étroit, aspirant profondément vers l'original, le vivant, l'authentique, vers ce qui est rude, barbare, savoureux et fort — fût-ce le désordonné, le chaotique et l'étrange, — elle s'est abreuvée aux sources anglaises, allemandes, nord-américaines, scandinaves, fuyant le sentimentalisme, recherchant surtout l'intelligence et la force. De ce contact elle est sortie transformée, pourvue d'un nouvel idéal.

Assurément il y a là des ferments de renouveau. Le tout est de savoir si ce petit nombre d'individus lucides et conscients pourra venir à bout de la résistance, de la terrible force d'inertie des masses. C'est là le point capital.

Vis-à-vis de la collectivité, l'individu conscient peut prendre deux attitudes différentes : tenter par un effort acharné de l'entraîner ou se séparer d'elle nettement, c'est à dire la *lutte révolutionnaire* ou la *sécession*.

Il semble bien, du moins à première vue, que de ces deux méthodes la première soit la seule juste et normale. Le rôle de l'élite a toujours été de féconder la masse — après d'ailleurs avoir été fécondée par elle, — de lui montrer la route et de l'entraîner sur ses pas. Mais encore faut-il que la résistance de celle-ci ne soit pas supérieure à la puissance d'attraction de celle-là et qu'il y ait quelque chance pour que les efforts aboutissent. Or c'est précisément le cas contraire dans le monde latin.

Depuis trois siècles les efforts des élites latines sont demeurées, à un point de vue global, sans résultat. Le groupe qui tenta de renverser le Catholicisme romain échoua. Le groupe des vrais Révolutionnaires échoua également. Et ainsi de suite jusqu'à nos jours, et dans chacune des nations latines. La masse a résisté de toute son inertie, de toute sa puissance de réaction. Elle n'a tressauté que pour retomber à la même place ou en arrière. Il semble qu'il y ait là une force de tradition, un poids de siècles, impossible à vaincre ou à soulever.

C'est que l'écart entre l'élite, pénétrée d'idées neuves, empruntées aux peuples septentrionaux, et la masse qui vit toujours, malgré les apparences, sur le vieux fonds d'idées empruntées au monde antique, est devenu trop vaste pour être franchi par celle-ci. L'élite et la masse, séparées par des abîmes, ne se comprennent plus.

Malgré ces échecs répétés, on ne peut dire que

les individus conscients aient renoncé à la lutte. Beaucoup s'efforcent encore. Mais il me semble discerner dans leur action comme une semi-conscience inavouée d'insuccès, comme un germe de découragement. C'est probablement que l'expérience du passé a porté ses fruits. C'est que les mieux intentionnés finissent par sentir monter en eux un dégoût infini pour tout ce qui se passe autour d'eux, ces agitations vaines, ces bruyants efforts avortés, ces perpétuelles revendications stériles. Ce vague et vide « révolutionnisme » latin — (les peuples latins ont moins déshonoré que ridiculisé les révolutions par l'abus qu'ils en ont fait) — fait de mots, de gestes et de clameurs, et dont ce siècle renouvela tant de fois la malheureuse expérience, ne les tente plus autant, parce qu'ils en connaissent la parfaite vanité. Ils en sont presque aussi las que de l'obstination rétrograde qui l'a fait naître. Reconnaissant l'absence d'efforts opiniâtrement poursuivis, la renaissance périodique des mêmes sophismes, accueillis avec enthousiasme, puis renversés pour être de nouveau proclamés solennellement, le doute s'est emparé d'eux touchant l'efficacité d'un apostolat en faveur d'idées plus saines et plus fécondes. Pourquoi lutter lorsque tout effort est d'avance condamné, que l'espoir est absolument sans base, et qu'on doit se heurter toujours à une force surhumaine, qui est peut-être celle du destin ? Pourquoi s'user les ongles inutilement à ce rocher de Sisyphe ?

Telle est la raison intime du découragement que manifestent les meilleurs individus latins. Ils savent trop pour avoir la naïveté de tenter l'entreprise nécessaire, et de s'ensevelir sans profit sous des ruines. Sentiment qui n'est d'ailleurs qu'à son aube, et qui ne fera que croître en force, à mesure que l'écart entre la collectivité et l'élite augmentera. Alors restent seuls en scène les imbéciles et les cyniques, qui toujours apparaissent comme les conducteurs-nés des peuples en décomposition.

C'est ainsi que plus d'un, sentant s'épanouir en lui une formidable indifférence pour le spectacle extérieur, persuadé qu'il ne vaut pas la peine de tenter le salut de ceux qui semblent vouloir leur perte ni de se prostituer à une besogne vaine, se réfugient dans l'abstention, le silence et l'inaction, vivant la vie pour elle-même, en dehors du souci collectif. Tout conduit à croire, je le répète, que ce sentiment ne fera que se généraliser parmi l'élite, qui, elle-même, ira toujours en se restreignant, et que, par conséquent, la possibilité d'une fécondation de la collectivité par celle-ci sera de plus en plus improbable. Perdus pour la régénération latine, le sort de ces individus sera vraisemblablement celui-ci : tandis que les moins énergiques demeureront isolés et infé-conds, penseurs solitaires, dédaignés et dédaigneux, au sein de la collectivité, les autres pour qui vivre signifie agir, et dont les poumons ont impérieusement besoin d'air pur et sain, s'expatrieront, apportant aux contrées jeunes, vivantes, spacieuses, l'appoint de leurs énergies.

Pour des raisons analogues, je ne crois pas qu'on puisse sérieusement compter sur la vertu réformatrice de la diffusion, préconisée par certains, de la pensée et des méthodes septentrionales à travers le monde latin. C'est là, certes, une œuvre excellente, en tant que préparation à quelque chose d'autrement décisif; seule, elle serait impuissante à remuer profondément la conscience latine. Et ceci pour une raison bien simple, c'est que le Latin moyen a une horreur intime pour tout ce qui vient du dehors. Rempli d'une confiance illimitée en sa propre supériorité, aussi indiscutable à ses yeux qu'un dogme, les idées étrangères n'ont pas prise sur son être intérieur. Il les ignore, les dédaigne ou s'en amuse. S'il semble parfois les accueillir, ce n'est guère que par dilettantisme, y répugnant au fond. Dans ces conditions, il me paraît inutile d'espérer le salut de ce côté.

Identique me paraît devoir être le sort de tous autres moyens proposés. Le Latin n'opérera pas de lui-même son salut. Il n'a pas assez d'intelligence ni de volonté pour cela. Il faudra qu'il y soit conduit et contraint.

Le plus probable c'est que la nature se chargera de faire la besogne qu'il a toujours refusé d'accomplir. Et cette œuvre s'exécutera contre lui : vraisemblablement selon le processus que nous venons d'indiquer, par voie pacifique d'abord, ensuite par la force. Quand les colons étrangers établis en nombre sur les territoires latins auront accompli leur travail préliminaire et que les nations latines seront devenues trop faibles pour se défendre, elles deviendront, successivement et par lambeaux, la proie des plus forts.

Cela se produira, certes. Quand ? Il serait puéril d'émettre la moindre hypothèse à ce sujet. Mais ce qui est certain, c'est que la période de temps où il nous sera permis de tenter le suprême effort régénérateur sur nous-mêmes n'est pas indéfinie. Rappelons-nous cette pensée frappante d'un historien : « Les heures accordées aux nations pour se recueillir et choisir leur voie sont comptées. » Peut-être l'instant est-il fort près de nous où le plus énergique remède serait inefficace ; peut-être est-il encore assez loin. En tous cas, cet instant viendra avec l'impitoyable exactitude des mouvements cosmiques.

Pour l'heure, ne désespérons pas. Nous n'en n'avons pas encore le droit. Tant qu'il y aura des *hommes*, il y aura comme une lueur de salut. Pensons plutôt à nous-mêmes, à ce qu'exige notre cas. Pensons au jour où il faudra que nous rassemblions tout notre courage pour l'opération nécessaire.

Ne cessons pas surtout de conserver en notre esprit et de méditer à chaque heure de notre existence ce précepte — à la fois conseil et menace — qui devrait être gravé sur l'airain et accompagner sur les monuments publics la magnifique et vaine formule révolutionnaire :

Ou bien les peuples latins se délatiniseront, acquérant des capacités physiques et mentales nouvelles et une conscience moderne, ou bien ils périront, éliminés, au profit des races supérieures dont rien ne peut arrêter l'accroissement d'influence dans le monde. L'avenir, — c'est à dire « être ou ne pas être » — dépend pour eux de l'effort qu'ils feront sur eux-mêmes pour le conquérir. L'avenir présentement n'est pas un droit qu'ils puissent gratuitement revendiquer. C'est pour eux un droit à acquérir.

OPTIMISME

Si, par l'absence d'une décision prise en temps utile, la seconde des deux seules alternatives auxquelles nous voici condamnés — je veux dire notre disparition à nous Latins, en tant que peuples — devait se réaliser, pourquoi vainement se lamenter ? Nous serions alors les victimes d'un destin plus fort que nous. Un phénomène éternel comme la marée ou le cycle des saisons s'accomplirait tout simplement à nos dépens, comme il s'est manifesté aux dépens de cent autres, nos prédécesseurs dans le grand cimetière des peuples.

Il ne nous faut pas songer à l'humiliation de devenir la proie de tel ou tel. C'est le destin qui sera notre vainqueur : le voisin heureux qui s'établira sur notre sol n'en sera que l'instrument.

Pensons bien que, s'il en était ainsi, c'est que nous devrions périr en tant que représentants de principes faux, d'une civilisation fausse, en tant que réceptacles de germes pernicieux. Ce ne serait nullement par simple raison d'inimitié entre notre race et celle de nos vainqueurs. Ce serait pour faire place à des choses plus saines et plus vraies, à des êtres plus forts et plus naturels. Personne n'aurait le droit de nous reprocher notre déclin ni d'outrager notre vieillesse. Seule notre infatuation, si elle devait durer jusqu'au dernier jour, pourrait légitimement provoquer le rire et le mépris : apprenons donc, pour échapper au ridicule, la modestie et la discrétion. On dira seulement : la destinée qui les avait engendrés les a détruits. Il y a aussi de la beauté et de la noblesse dans les crépuscules et les déclins. Songeons à la fin du monde antique, débordé par les « barbares », à cet écroulement colossal, empreint d'une telle grandeur que l'image en est demeurée vivante par delà les siècles.

On accepte aussi malaisément l'idée de la disparition de son pays que l'affirmation de la non-immortalité de l'âme ; et cela parce qu'on croit qu'alors tout ce qui fut français, espagnol, italien, etc., disparaîtra totalement. Ce qui n'est pas. Comment peut-on admettre que rien de ce que le monde latin enfanta, à travers les siècles, de bon, de grand et de vital, ne subsistera ? Ce qu'il a véritablement créé, nul ne pourra jamais le faire disparaître. Les meilleures de ses œuvres et de ses idées continueront à féconder le monde.

Et le souvenir qu'il laissera ne pourra jamais s'effacer. Malgré nos erreurs, nos tares et nos fautes, notre histoire est assez pleine et rayonnante pour transmettre notre nom aux générations encore insoupçonnables.

Il est encore une autre pensée de nature à calmer nos angoisses : c'est que, la nation détruite, il reste les individus. Au jour où le faisceau national qui constitua notre patrie, se dénouera, l'élite de nos descendants se répandra à travers le monde. Ils iront représenter dans de nouvelles combinaisons sociales, sous d'autres cieux, sous d'autres étiquettes, le génie et le tempérament français. Cette part indissoluble de vertus qui demeurera en eux, ils en enrichiront des contrées nouvelles. Par là ils continueront, eux et leurs descendants, de perpétuer à jamais le monde latin en ce qu'il eut de meilleur. Est-ce que les vertus hollandaises ne continuent pas, par delà deux siècles, à se manifester aux Etats-Unis ? Est-ce qu'une fraction française ne concourt pas déjà à constituer la nationalité canadienne ? L'Italien qui émigre n'apporte-t-il pas les qualités spéciales de sa race aux contrées nouvelles ? Il y a des exemples très significatifs. Dans le passé, celui du Grec qui, lorsque le monde hellénique entra en décomposition, vint à Rome prendre sa place au sein d'un monde nouveau et lui infuser une part de son génie. De nos jours nous avons ceux de l'Irlandais et du Polonais. Le premier incapable chez lui de quoi que ce soit, sinon de végéter, devient à l'étranger, aux Etats-Unis notamment, un élément important de la prospérité générale. Il semble que ses vertus spéciales, inutiles ou nuisibles dans son propre milieu, s'épanouissent sur un autre sól plus approprié. Le Polonais, également forcé d'émigrer, apporte à la société où il se fixe son intelligence très déliée et y rend des services considérables. Voilà donc la preuve qu'une nationalité même détruite, ne périt pas tout entière. L'organisme dissous, certaines cellules demeurent qui possèdent en elles-mêmes des parcelles d'élément ethnique, destinées à entrer dans la constitution de groupes humains en activité sociale.

De ce fait me semble sortir un précieux enseignement. Puisqu'il est amplement prouvé qu'en un milieu nouveau l'individu acquiert des capacités nouvelles, ne serait-il pas préférable, dès maintenant, pour les meilleurs d'entre les individus latins, d'aller porter aux contrées nouvelles leurs facultés que de s'immobiliser sur un sol impropre ou corrompu ? Il y a en certaines contrées disette de ce dont il y a chez nous surabondance et des possibilités sans limites ouvertes aux bonnes volontés. Au lieu de contribuer au mal général dans leur patrie, ces individus deviendraient ainsi des créateurs d'avenir. La plupart auraient des chances d'opérer ainsi leur salut. *Car c'est le milieu surtout qui est funeste : l'individu peut être sauvé.* Ne serait-ce pas là le plus sûr moyen de perpétuer l'influence française, italienne, espagnole, etc., que de l'associer largement, bien que d'une manière anonyme, au développement des sociétés vivantes et jeunes ? Ce destin me semble bien valoir la perspective d'user chez soi son bon vouloir, son intelligence et ses nerfs, sans la moindre assurance d'un renouveau futur.

Il faut vraiment se placer à un point de vue moins mesquin que celui des patries pour juger un problème de cette envergure. Il faut avoir devant ses yeux l'ensemble du monde pour bien se pénétrer de l'importance et de la signification qu'a, vis-à-vis de la collectivité humaine, la disparition d'une ou de plusieurs nations.

Un homme vraiment humain ne devrait pas se refuser à concevoir la possibilité de la ruine de sa patrie. Ceux qui ont achevé de jouer leur rôle sur la scène du monde doivent disparaître sans murmurer contre le sort. Ils ont tenu leur partie dans le grand concert. Ils peuvent dire adieu sans se répandre en imprécations ou en larmes.

Où serait la justice dans les normes du monde si ceux qui ont désobéi aux lois de nature avaient autant de chances d'avenir que ceux qui s'en témoignèrent respectueux ? N'y aurait-il pas là une immoralité profonde ?

Pénétrons-nous aussi de cette vérité cosmique : pour que des nations naissent et s'épanouissent, il faut que d'autres s'abaissent et disparaissent. Aux progrès correspondent fatalement des déclins dans l'univers. C'est la loi universelle du monde. Certains *doivent* périr pour que d'autres, meilleurs et plus grands, puissent vivre. Ce sacrifice que la nature exige de nous, nous devons l'accepter dignement — je dirai presque joyeusement, — selon l'esprit d'un Marc-Aurèle, s'identifiant à la volonté du monde, parce qu'il la comprend.

Cessons surtout d'entretenir cette idée enfantine, que notre ruine entraînerait la ruine du monde, qu'après nous, les « suprêmes civilisés », il ne subsisterait plus que ténèbres et barbarie. Persuadons-nous bien que nous sommes très peu de chose dans l'ensemble actuel du monde et que demain nous représenterons bien moins encore. Abandonnons cette folle présomption de nous croire indispensables à la terre. Laissons là nos petits jugements de petits hommes à courte vue, notre ridicule égoïsme. Jetons les yeux autour de nous et reconnaissons la marche du monde qui s'effectue à côté de nous, sur des points que, dans notre ignorance et notre vanité, nous ignorons presque. Tournons nos regards vers la vie, là où elle a résurgi avec une force nouvelle.

Je ne puis m'empêcher de rappeler ici un conte, au symbolisme transparent et de signification saisissante, qu'un poète écrivit un jour, — sans se douter peut-être de toute la profondeur dont il est empreint. Notre histoire ne se trouverait-elle pas là, par avance consignée, si, interprétant à notre façon cette prose de Jean Richepin, nous échangions la dénomination d'«Aryens» contre celle de « Latins » ?

Hod est la dernière petite cité de la dernière petite île en qui subsistera tout ce qui aura pu survivre de notre monde civilisé.

C'est sur le roc le plus haut de ce qui est aujourd'hui le Gaourisankd, pointe extrême des monts Himalayens. Lentement, insensiblement, au cours des siècles, l'ancien continent s'est affaissé sous la mer revenue, ne laissant plus émerger que cette aiguille, jadis inaccessible, maintenant pauvre îlot blême au ras des vagues.

Les Aryas, autrefois marcheurs vers l'Occident, et devant qui la mer semblait fuir alors, ont dû rétrograder peu à peu devant le retour offensif de la grande vaincue. Chassés par elle, ils ont repris leur route à reculons, marcheurs vers l'Orient désormais ; et les voici rentrés dans leur berceau.

Mais ils étaient partis prolifiques et pullulants, et ils sont revenus usés et stériles.

La race fameuse par ses larges épaules, ses bras musculeux, ses infatigables jarrets, sa vaste poitrine, son sang bouillant comme un jeune vin, s'est épuisée à détruire toutes les races antérieures, à façonner la terre conquise, à dompter la nature elle-même, à lui arracher ses secrets, et à chanter aussi en la divinisant par les religions, les lettres et les arts.

C'est à présent une race malingre, chétive, aux membres d'avorton, au sang misérable et vicié par le mélange de tous les virus.

Les quelques rares survivants qui la représentent ont l'air de vieillards, même quand ils naissent. A peine, d'ailleurs, s'il en naît. On prévoit déjà le temps tout prochain où le tronc, desséché jusqu'aux moelles, n'aura seulement plus la sève nécessaire à la poussée d'un suprême bourgeon.

Hod est comme la capitale de l'agonie humaine.

On n'y est point triste cependant ; car avec ces moribonds, s'est réfugié à Hod le grand consolateur, le donneur d'espoir quand même, l'orgueil.

Tous les biens qu'ils ont perdus, la force, la santé, la beauté, l'appétit, l'amour, jusqu'à l'amour, ces vieux les tiennent en mépris. Ils en sont arrivés à les considérer comme des choses vulgaires, bonnes pour les Barbares des époques passées.

Eux, les civilisés, ils sont tout en nerfs et en cer-

veau ; et leur joie unique, la seule qui leur semble avoir du prix, est de savoir.

Eh bien ! ils savent.

Que savent-ils ? Tout, prétendent les plus infatués. Presque tout, du moins, disent les autres. Et encore ceux-ci assurent-ils que ce presque va être comblé demain. Il s'en faut de très peu, de si peu ! D'un rien, en vérité, d'un vague rien, imperceptible et infinitésimal.

Ce rien une fois trouvé, bientôt, tout à l'heure sans doute, et ils n'auront même plus la crainte de voir le tronc desséché être impuissant à la poussée d'un bourgeon suprême. On est sur la voie, au bout de la voie ! Quelques menues expériences encore, et l'on va tenir en entier le secret dernier de la vie ! Et alors !...

En attendant, et pour s'alimenter d'espoir, leur orgueil récapitule tout ce qu'ils savent. Ainsi l'avare avive sa cupidité en comptant ses trésors.

De quoi n'ont-ils pas poursuivi l'analyse ? De quoi n'ont-ils pas, par leur implacable chimie, extrait la quintessence ? De quoi ne peuvent-ils pas faire l'exégèse ? Dans les sciences et jusque dans les arts, ils ont atteint la limite du subtil. Leurs idées, leurs sentiments, leurs sensations, tout est réduit en formules algébriques ; et ces formules ont été à leur tour transmuées en applications par le plus patient et le plus délicat machinisme.

Il n'y a plus de miracles ! Le train-train même de

leur existence n'est qu'une suite ininterrompue de tous les miracles réalisés.

Un seul miracle (oh ! si petit !) manque à la chaîne : c'est celui qu'ils se flattent de réaliser demain, tout à l'heure, en réinventant et en créant la vie. Comme ils en sont près !

Mais la mer, qui monte toujours ici, tandis que là-bas, aux antipodes, elle se retire, faisant place à un immense marécage encombré d'une végétation nouvelle et monstrueuse ? Mais le graduel effondrement de Hod qui s'enfonce de plus en plus ? Mais la terre, enfin, qui va leur manquer sous les pieds ?

Qu'importe cela ! Il s'agit bien de prendre intérêt au phénomène prévu dont les antipodes sont témoins ! Depuis longtemps, personne ne s'en occupe plus, de ces antipodes, inutile désert où la planète érige hors de l'abîme un de ses flancs limoneux ! Quant au graduel affaissement de Hod, on y a pourvu par une tour de fer qui la hausse au fur et à mesure des besoins.

Et la terre elle-même, la terre réduite à ce roc prolongé en obélisque de métal, on ne la regrette seulement pas. Du sommet de la tour, c'est dans le ciel connu grâce aux communications interastrales, dans le ciel enfin familier, où l'on reprendra la vieille tradition aryenne des émigrations !

Ah ! la terre, la pauvre terre usée, la terre abolie, fi donc !

Et tandis qu'on l'oublie en plein orgueil, le marécage des antipodes s'est asséché ; la végétation nouvelle et monstrueuse y a grandi ; la terre usée, la terre abolie, s'est reformée du limon ; et voici que, là-bas, celle dont on cherche ici le secret, trouvable demain, Elle, la Vie, lentement y a germé en un réenfantement de sa mystérieuse évolution.

D'une voix grêle et chevrotante, les habitants de Hod, en hochant la tête, se répètent les uns aux autres :

— La Terre va mourir, certes, oui, mourir ; mais son âme est en nous, qui sommes son aboutissement, son essence elle-même. Gloire à nous !

Et cependant, c'est eux qui meurent. Encore un ! Et encore un ! Comme ils sont peu qui restent ! Chacun, sans doute, porte en son énorme cerveau tout le savoir accumulé de toute la civilisation conquise et formulée par la race entière. Chacun sent approcher le moment où il sera le dernier représentant de cette race, et à lui seul, l'âme de la terre. Car les naissances sont taries, n'est-ce pas ? Mais c'est tout à l'heure, oui, tout à l'heure, que le secret de créer va être trouvé enfin et qu'on sera maître absolu de la vie. Tout à l'heure ! Dans un instant ! Presque plus rien à découvrir. Un mot ! un unique mot à inventer, et le dernier vers sera fait, de la Chanson de Geste chantant l'épopée de la Terre et le triomphe de l'Homme !

Mais la mer toujours monte ; mais toujours Hod s'enfonce, Hod, qui n'est plus qu'une plate-forme sur

*des pilotis de fer ; et les Aryas, innombrables jadis,
se comptent entre eux, sans arriver à y employer les
dix doigts de leurs mains ; et bientôt, de l'antique
fourmilière, il demeure une fourmi solitaire, décré-
pite, agonisante, petit paquet de nerfs sous un lourd
cerveau, pauvre être pareil à un champignon dont
la tige est en filaments flétris, et dont la tête est une
éponge suant tous les venins.*

*Et tandis que l'éponge elle-même se fane, se vide,
se décompose en puanteurs, voici que sur l'autre
face de la terre, dans les forêts nouvelles, moins
épaisses et moins hautes que celles de jadis, grouille
une race vierge pour qui le monde aussi redevient
vierge ; et l'Homme à venir, en attendant qu'il espère
trouver le mot final de l'Épopée terrestre, recom-
mence à en vagir les premiers vers à peine articulés,
qui en sont l'enfantine ritournelle :*

> *Ciel, sois bleu ! Terre, sois verte !*
> *Mer, nourris-moi et me berce !*
> *Femme, viens et unissons-nous !*
> *Le sang est rouge. Le feu est rouge.*
> *Soleil, soleil, soleil, flambe.*
> *Le vent pleure. L'eau rit.*
> *Manger est bon. Dormir est doux.*
> *Le monde est à moi. Vivons !*

Oui, en dehors de nous, il est d'autres espoirs.
Loin de nos mesquines préoccupations, des terres
nouvelles émergent du chaos et se préparent

lentement et silencieusement à prendre la suc-
cession des affaires du monde dont nous eûmes
jadis la conduite.

Un fait décisif s'est accompli au cours des
siècles derniers. La civilisation a émigré au Nord
et à l'Ouest. Son axe s'est déplacé. Le jour n'est
sans doute pas. éloigné où ce qui n'est encore
pour le Nouveau Monde que l'Orient, au sens
géographique, le deviendra au sens moral également, au point de vue des idées, des principes,
des méthodes de vie.

Sur des continents nouveaux, des sociétés
nouvelles animées d'un esprit nouveau s'épanouissent lentement ou rapidement. Avec nous
elles n'ont presque rien de commun. Elles représentent quelque chose d'autre, de meilleur et de
plus vital.

Pour que s'incarne dans le fait une idée nouvelle, il faut des terres nouvelles. Sur les vieux
territoires saturés de passé, les germes ne peuvent grandir. Telle est une des raisons capitales
pourquoi il semble que nous *devions* être éliminés, — à moins de nous prouver plus forts que le
destin.

Soyons optimistes quand même. Si, quand on
inspecte le monde, on ne peut s'empêcher de
croire que l'avenir se passera du concours de
certaines races retardataires — poids trop lourd

à traîner après lui — on acquiert du moins une foi passionnée dans les destins de l'humanité. Ne craignons rien pour elle. Les gages de son magnifique avenir sont visibles pour tous.

Je sens en moi-même qu'il est non seulement acceptable, mais beau et bienfaisant que, dans l'économie générale de l'univers, la priorité passe d'une race à une autre race et que des organismes meurent pour faire place à d'autres. De la mort ne peut pas ne pas sortir la vie. Tel est le sentiment de large et joyeux optimisme auquel aboutit notre pessimisme, et non à de stériles regrets, à d'indignes lamentations. Que peut-on souhaiter de plus beau que le triomphe de la vie ?

A celui qui pleurerait tout ce qui disparaîtra avec le monde latin, le charme de sa civilisation, la beauté sensuelle de sa vie, son culte des formes belles, la finesse de son esprit, sa passion, sa chaleur, son instinct, sa spontanéité, je répéterai que tout ce qu'il contient de vraiment beau réapparaîtra ailleurs, en de nouvelles combinaisons humaines, et qu'aucune de ses qualités ne sera perdue à jamais. Vous me direz qu'une Europe où l'élément latin n'existerait plus, serait comme un monde privé de féminité, un monde sèchement et durement viril. Je crois que cette calamité n'est nullement à craindre et qu'il y aura toujours dans le monde assez de passion, d'amour et de sensualité. Ce sont là des choses

éternelles comme la vie et dont le monde latin ne
détient pas le monopole.

Je suis même persuadé qu'à cet égard l'avenir
peut être envisagé non seulement avec confiance,
mais avec la certitude qu'il enfantera des sociétés
qui exprimeront avec plus de force encore les
qualités dont nous sommes pourvus et qui de
plus en posséderont le complément.

La France a superbement manqué l'une des plus
belles carrières nationales dont l'occasion ait été
offerte par le sort. Magnifiquement située comme
elle l'est, appartenant à la fois au bassin méditerranéen et au bassin nordique, trait d'union
naturel entre le Nord et le Midi, ayant en elle,
quoique à l'état diffus, une part de sang et d'esprit germains, elle aurait pu être comme la *syn-
thèse vivante des deux mondes*. A l'intelligence
et à la droiture septentrionales, elle aurait uni
la fantaisie et la sensualité du Midi. Elle aurait
combiné la fermeté et la souplesse, la méthode et
la mobilité, la virilité et la féminité, l'action et la
pensée, l'industrie et l'art, la science et la fantaisie,
en un mot l'esprit du Nord et celui du Sud. Cette
fusion aurait fait d'elle comme un échantillon
d'humanité supérieure. Tout semblait la désigner
pour ce rôle. Elle n'a pas voulu ou elle n'a pas
pu le tenir.

Cette place, quelque autre la remplira.

Dans l'avenir, de jeunes peuples nourris d'idées

et de sentiments diamétralement opposés aux
nôtres, libérés de nos préjugés, affranchis notamment du christianisme qui nous étouffe, revenus
après le long détour parcouru, à la pleine santé
et à la pleine réalité, opéreront cette nécessaire
fusion des deux esprits aujourd'hui antagonistes.
Pour y parvenir, je l'ai dit, il faut des territoires
nouveaux, vierges de culture, de tradition et
d'intellectualisme, et des peuples revenus à la
nature.

Alors, quand les temps seront révolus et qu'une
civilisation vraiment neuve se sera exprimée, il
n'y aura plus personne pour pleurer la disparition
des Latins. Car on aura compris, à cette heure,
que, tout étant lié et interdépendant en ce monde,
leur ruine était nécessaire pour que, sur un autre
point du globe, s'élevât une société meilleure,
plus grande et plus vraie, une humanité plus
digne de la nature.

FIN

TABLE

Introduction... 1

LE PASSÉ

I. — La Romanisation........................... 11
II. — L'Eglise et l'Empire..................... 37
III. — L'Autre Monde.......................... 47
IV. — La Résurrection du xvi⁴ siècle.......... 59
V. — Le « Péché originel ».................... 79

LE PRÉSENT

I. — Pathologie latine......................... 91
II. — Intellectualisme et Décadence........... 105
III. — Orient et Occident...................... 127

L'AVENIR

I. — Les Conditions du Salut.................. 145
II. — La Réforme physique..................... 153
III. — La Réforme mentale..................... 167
IV. — La Réforme religieuse................... 181
V. — L'Impasse................................ 197
VI. — Le Processus de la Décadence............ 211
VII. — Optimisme.............................. 241

Dole-du-Jura. — Imprimerie Girardi et Audebert.

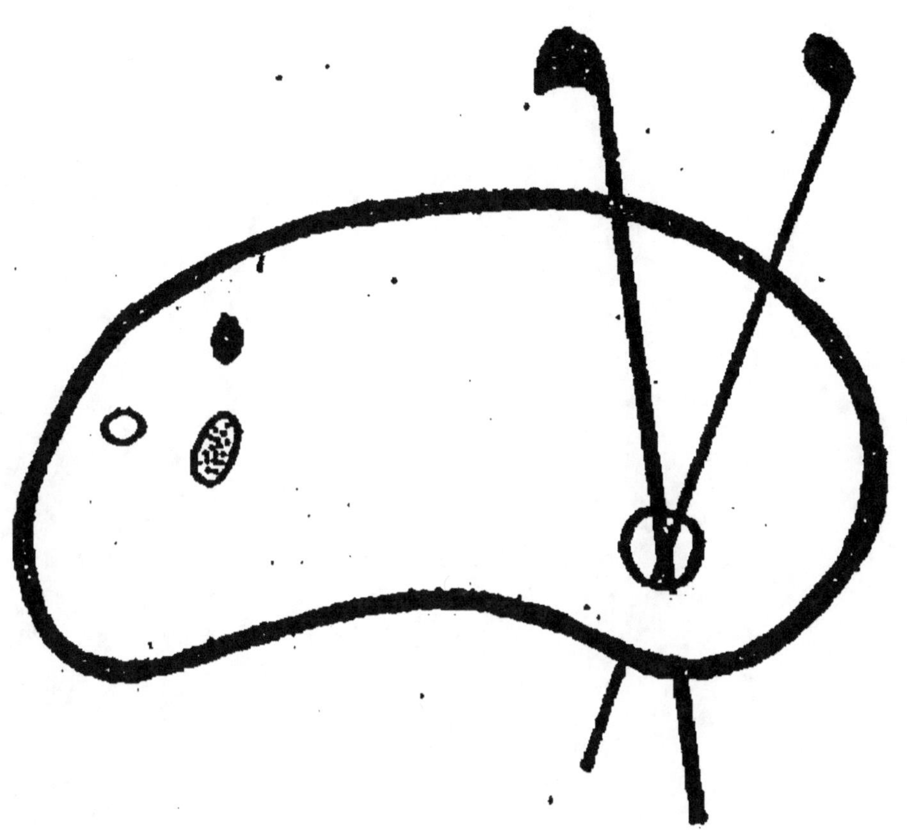

ORIGINAL EN COULEUR
Nº Z 43-120-3